어휘의
길
어원의
힘

어휘의 길 어원의 힘

단어와 단어를 연결하는 인문학적 상상력

초판 1쇄 발행 2024년 5월 3일
초판 2쇄 발행 2024년 6월 3일

–

지은이 김성현
펴낸이 이방원
책임편집 조성규 **책임디자인** 손경화
마케팅 최성수 · 김 준 **경영지원** 이병은

–

펴낸곳 세창미디어
신고번호 제2013-000003호 **주소** 03736 서울특별시 서대문구 경기대로 58 경기빌딩 602호
전화 02-723-8660 **팩스** 02-720-4579 **이메일** edit@sechangpub.co.kr **홈페이지** http://www.sechangpub.co.kr
블로그 blog.naver.com/scpc1992 **페이스북** fb.me/Sechangofficial **인스타그램** @sechang_official

–

ISBN 978-89-5586-810-4 03740

어휘의 길

기후climate와 기울기clima 신데렐라Cinderella와 방화범incinerator 변증법dialectics과 문명civilization

단어와 단어를 연결하는 인문학적 상상력

캠페인campaign과 샴페인champaigne 12월December과 십진법decimal 식물plant과 행성planet

The Way of Words, The Power of Etymology

로망스romance와 소설novel 타로tarot와 헬리콥터helicopter 매력charm과 부적charming과 마력magic

김성현 지음

거울mirror과 오큘러스oculus 나이키Nike와 산타클로스Saint Claus 피blood와 꽃flower

어원의 힘

세창미디어 MEDIA

머리말

어원은 단어에 축적된 의미의 지층을 보여 주는 인문의 창과 같습니다.

말과 문자의 기원을 찾아가다 보면 우리는 고대의 원시적이고 원형적인 인류의 인식과 세계관을 만날 수 있습니다. 한 단어의 상징적인 의미가 풍부할 수 있는 것은 오랜 세월 그 단어를 사용한 사람들의 뜻과 의지, 기원과 희망이 의미의 지층에 켜켜이 쌓여 있기 때문입니다.

언어는 사고의 바탕이라고 합니다. 삶을 성찰하기는 쉽지 않습니다. 하지만 살다, 살림, 삶, 사람과 같이 동일한 어원을 축으로 변화해 온 단어를 추적하며 인생을 생각하는 것은 훨씬 더 많은 의미를 전달해 줍니다. 역설적이지만, 언어는 오랜 역사를 가지고 있을수록 더욱더 생생하게 살아 있습니다. 배터리도 완충이 되어야 제 역할을 하는 것처럼, 언어도 오래된 역사와 풍부한 의미로 충전되어 있을 때 훨씬 더 살아 있게 되는 것이지요.

미국의 시인 에즈라 파운드는 시를 가리켜 의미로 충전된 언어라고 정의한 적이 있습니다. 그리고 위대한 시는 단어가 가질 수 있는 가장 최대의 의미로 충전된 것이라고 했습니다. 활자로는 한 단어에 불과해도 거기에 담긴 여러 의미가 거대할 때 위대한 시가 될 수 있다는 말로 이해할 수 있습니다. 그렇다면, 단어가 갖고 있는 의미는 어떻게 확장될 수 있을까요? 그것은 단어에도 역사가 있기 때문에 가능합니다. 단어에도 일생이 있어서 여러 우여곡절을 겪고 났을 때 의미의 지층이 다채로운 색깔로 아름다워질 수 있는 것입니다.

사전에 풀이된 의미만으로 단어를 전부 이해했다고 생각하는 것은 자신이 딛고 있는 땅의 본질이 발바닥 바로 아래의 흙으로만 구성되었다고 생각하는 것과 비슷합니다. 나뭇가지와 깨진 돌들, 낙엽과 모래만 있을 뿐이죠. 하지만 그 아래를 파고들어 갔을 때, 그곳에서 우리가 무엇을 만나게 될지는 알 수 없습니다. 나무뿌리가 나올 수도 있고, 다람쥐가 숨겨 놓은 열매가 나올 수도 있고, 벌레들이나 개구리가 나올 수도 있습니다. 어느 슬로건처럼 도시의 아스팔트 바닥 아래에 바다가 있을지도 모릅니다. 어원을 파고들어 가는 과정은 대부분 깜짝 놀라게 되는 마주침의 연속입니다. 그리고 그 놀라움은 기존의 단어를 둘러싼 의미의 한계를 깨뜨려 줍니다.

이미 오래전에 정보화시대가 되었지만, 요즘은 그 정보가 현대인의 일상을 압도하고 있습니다. 평균적으로 개인이 접하는 정보의 양은 과거와는 비교가 되지 않을 정도로 엄청나게 증가했습니다. 모든 정보는 언어로 구성됩니다. 정보 자체를 처리하기에도 바쁜데, 정보를 담고 있는 언어에 대해 생각하기는 더욱 어려워졌습니다.

흔히 사용되는 대부분의 단어들은 일상과 너무 밀착되어 있어 더 이상 그 의미의 지층까지 파고들어 갈 필요가 없습니다. 속도가 중요한 정보 소통에서 단어는 액면의 의미로만 유통될 때 가장 효율적이기 때문입니다. 단어의 의미를 정확하게 새기는 일은, 마치 토론에서 상대방의 말꼬리를 붙잡고 늘어지는 것처럼, 종종 비효율적이고 짜증 나는 일이 되기 쉽습니다. 하지만 역사를 바꾼 것들은 대부분 이렇게 짜증 나고, 비효율적이고, 귀찮고, 더딘 일들을 인식하는 것으로부터 시작했습니다.

이 책은 서로 관계가 없어 보이는 단어들이 지닌 의미의 연결고리를 찾는 내용입니다. 한국에서도 일상적으로 통용될 만큼 잘 알려진 영어 단어들이 종종 의외의 연관관계를 갖고 있는 것은, 제가 영문학자로서 유심히 살펴보고 어원을 추적해 가며 알게 된 내용들입니다. 예를 들어, 카메라camera는 굴뚝을 의미하는 chimney와 관계가 있고, 산타클로스는 브랜드 이름인 나이키Nike와, 그리고 트랙터tractor는 추상화abstract painting와 관계가 있다는 것을 어원을 통해 살펴보는 식입니다.

외견상 아무런 관계가 없을 것 같은 단어들이지만, 어원을 파고들어 갈 때, 비로소 관계의 숨겨진 비밀이 나타납니다. 그리고 그 비밀을 이해하게 될 때 상상력과 인문의 창이 열리게 됩니다.

서로 다른 두 단어를, 어원을 매개로 연결 짓기 위해서는 약간의 인문학적 상상력이 필요합니다. 그러한 인문학적 상상력을 통해 단어에 누적된 의미의 지층을 살펴볼 수 있고, 궁극적으로는 의미에 대한 사유와 성찰을 넓힐 수 있는 것입니다.

비록 이 책이 영어 단어를 중심으로 쓰여졌지만, 단어와 단어 사이를 연결하는 인문학적 상상력은 한국어는 물론 다른 언어에도 고스란히 적용될 수 있습니다. 예를 들어, 한국어에서 삽살개와 주름살은 별 관계가 없는 말처럼 보입니다. 하지만 두 단어 모두 '살'이라는 단어가 사용된 것이 보입니다. 그렇습니다. 여기서 '살'은 두 단어를 이어 주는 공통적인 요소입니다. 흔히 역마살, 도화살이라고 할 때의 그 '살煞'을 의미합니다. 이것은 일종의 나쁜 기운을 의미합니다. 일반적으로 오해되고 있는 것처럼 사람의 피부로서의 '살flesh'이 아닌 것이죠. 삽살개는 바로 이러한 나쁜 기운인 '살'을 쫓아내는 개라는 의미가 있습니다. 과거 양반이나 사대부들이 주로 삽살개를 길렀던 것은 그 이유가 분명해 보입니다.

어원의 관계를 살피는 것이 단순히 비슷한 단어들을 연결 짓는 작업처럼 보이지만, 대부분의 인문학적 사유가 가장 기본적인 언어에 대한 성찰로 시작한다는 점에서 어휘의 능력을 확장한다는 의미도 갖고 있습니다. 어원을 추적하고 단어들을 관계 짓는 인문학적 상상력의 힘은 개념과 개념을 연결하는 힘이 될 수도 있고, 또 사유와 사유를 연결하는 힘이 될 수도 있습니다.

그렇게 단어와 어원으로 시작된 인문학적 상상력의 날개는 훨씬 더 넓게 펼쳐질 수 있는 것입니다.

수험생이나 취업을 위해 영어를 공부하는 모든 분들에게 이 책이 암기의 대상으로만 생각되던 영어 단어를 좀 더 역동적이면서 인문학적으로 살필 수 있는 계기가 되면 좋겠습니다. 의미를 깊게 새길수록 단어는 분명 더 오래 기억될 것입니다.

끝으로 감사의 인사를 드리고 싶습니다. 그리스 신화에 대한 애정과 전문성을 바탕으로 열정적인 글쓰기의 모범을 보여 주시는 김원익 선생님과 류재국 선생님께 감사의 말씀을 드리고 싶습니다. 또, 부족한 원고로 남아 있었을 수도 있을 글들을 모아 책으로 낼 수 있는 기회를 마련해 준 세창미디어의 최성수 마케팅 이사님과 원고의 크고 작은 실수를 교정해 준 조성규 선생님께 감사드립니다. 그리고 항상 활짝 웃으면서 저를 응원하고 지지해 주는 저의 아들 김주혁 군에게 진심으로 고맙다고 말해 주고 싶습니다.

01

그 안드로이드android는 사람의 아들Anderson이 되고 싶었네

아이돌idol과 안드로이드android

리들리 스콧 감독의 1982년 영화 〈블레이드 러너*Blade Runner*〉는 필립 K. 딕의 1968년 소설 『Do Android Dream of Electric Sheep?』을 원작으로 한다. 보통 『안드로이드는 전기양의 꿈을 꾸는가?』로 번역된다. 전기양을 꿈꾼다는 것은 잠이 오지 않을 때, 양을 세어 보라는 조언과 관계있다. 아이가 쉽게 잠들지 못하면, 부모는 아이에게 말한다. 눈을 감고 한 마리부터 백 마리까지 세어 보라고. 그럼 아이는 양을 세면서 천천히 잠이 든다. 그럼, 안드로이드 역시 기계로 된 양을 셀 것인가?

안드로이드라는 말은 andr-와 oid의 조합이다. andr-는 사람을 의미한다. -oid는 형태를 닮은, 형태와 비슷한이라는 뜻의 그리스어 εἶδος에이도스, eidos에서 왔다. android는 사람을 닮은, 사람과 같은 등의 의미로 사용된다. 사람의 형상은 종종 우상idol으로 여겨지기도 했다. 종교적 맥락에서 거짓 신a false god의 형상이라는 의미로도 쓰인다. 우상숭배는 idolatry라고 한다.

인류학은 anthropology이다. 문화인류학은 이 앞에 cultural만 덧붙이면 된다. 마가렛 미드Margaret Mead는 1960년대 전후 사회문화적으로 큰 영향력을 갖고 있었던 미국의 문화인류학자anthropologist였다. 미드는 결혼을 3번 했었다. 하지만 자신은 3번의 결혼생활에서 단 한 번도 실패한 적 없다고 말한 바 있다.

사이보그는 cyber와 organism이 결합했다. 사이보그는 기계와 유기체의 합성이라고 할 수 있다. 사이버cyber는 사이버네틱스라는 말에서 따왔다. 사이버네틱스는 통신과 제어의 기술이론을 의미하는데, 1948년 미국의 수학자 노버트 위너Norbert Wiener가 만든 말이다. 생물의 자기 제어의 원리를 기계장치에 적용한 말이라고 하는데, 지금은 종종 인공두뇌연구를 의미하기도 한다. 위너는 그리스어 κυβερνήτης키베르네테스, kybernetes라는 말을 이용해서 이름을 만들었는데, 이 말은 조종하는 사람, 혹은 조타수steersman를 의미한다고 한다. 그래서 안내하고guide, 통제하고control, 지배한다govern는 의미를 포괄한다.

영화를 통해 살펴보면 개념의 차이는 훨씬 더 분명해진다.

〈블레이드 러너〉에 등장하는 레플리컨트replicant들은 기계적으로 인간과 거의 유사하게 만들어진 존재들이다. 처음부터 공학적 엔지니어링으로 만들어진 존재들이다.

생생한 폭력성의 재현으로 유명한 폴 버호벤 감독은 1987년 〈로보캅*Robocop*〉이라는 영화를 만들었다. 작품에 등장하는 주인공 머피는 범죄자들과의 총격전에서 심각한 부상을 입는다. 흉악범의 총탄에 성한 육체가 거의 남아나지 않게 되었지만, 뇌의 일부분과 어느 정도의 생체조직은 남아 있어서, 나머지 부분을 기계로 보충해 인간의 모습을 띠게 되었다. 머피는 안드로이드가 아니라 사이보그라고 할 수 있다.

대부분의 육체는 기계로 구성되었지만, 인간이었을 때의 뇌조직을 일정 부분 갖고 있다. 덕분에 편린으로 남은 기억을 통해 자신이 누구인지 알게 된다. 잃어버린 나를 찾은 것이라고나 할까.

안드로이드와 사이보그를 언급한 김에, 복제인간을 말하지 않을 수 없다. 복제인간은 보통 클론clone이라고 한다. 그리스어 klōn에서 유래하는데, 나뭇가지를 의미한다. 나뭇가지는 모두 똑같아 보이기 때문에 한 가지에서 분화되었다는 의미로 사용되었을 수도 있다.

2005년 영화 〈아일랜드*Island*〉는 이런 복제인간과 이로 인한 도덕적, 윤리적 문제를 다룬 영화다. 병이나 사고를 당했을 때, 혹시 모를 장기이식을 위해 일종의 보험처럼 자신의 복제인간을 만들어 복제인간들만을 따로 관리하는 시대를 배경으로 한다. 누군가 자신의 신장kidney에 문제가 생기면, 복제인간에게서 신장을 적출하여 자신에게 이식하는 수술을 하는 것이다. 자신의 복제인간이기에 면역체계의 교란과 같은 생물학적인 문제가 없는 것이다. 이 영화는 1979년 〈The Clonus Horror〉라는 원작이 있었다.

안드로이드, 사이보그, 복제인간은 어떤 면에서 새로운 인류의 형상이다. 21세기의 사회문화현상은 여러 면에서 포스트라는 접두어를 사용해 왔다. 포스트워post-war, 포스트모더니즘post-modernism, 포스트트루스post-truth, 포스트코비드post-covid에 포스트휴먼post-human까지. 최근에는 Chat GPT까지 가세해, 그 양상이 복잡해졌다.

영화 〈매트릭스*The Matrix*〉에 등장하는 네오Neo의 또 다른 이름은 앤더슨Anderson이다. 앤더ander를 사람이라는 의미로 분석하면 ander+son, 즉 앤더의 아들이라는 뜻이다. 앤더는 사람이므로, 곧 사람의 아들이 되겠다. 존슨, 데이비드슨, 니콜슨 등 son으로 끝나는 이름은 대부분 ~의 아들이라는 뜻으로 만든 이름이다. 스코틀랜드나 아일랜드에서 Mac-으로 아들을 표현하는 것과 비슷하다.

androgyny는 양성성을 의미한다. 남성을 의미하는 andro-, 여성을 의미하는 gyny-의 결합으로 구성된 말이다. 남녀 자웅동체를 의미하는 또 다른 단어로는 hermaphrodite가 있다. 헤르메스

Hermes와 아프로디테Aphrodite의 결합으로 이루어진 단어다.

성서적인 맥락에서 사람의 아들은 곧 예수Jesus를 의미한다. 〈매트릭스〉의 복선이 기독교적인 구성과 비슷하다는 관점에서 사람의 아들이라는 이름의 앤더슨Anderson은 구세주를 상징하는 아주 효과적인 이름이라고 할 수 있을 것이다. 이문열은 소설 『사람의 아들』을 1979년 출간한 바 있다. 종교적인 주제를 다루고 있는 소설이었다.

네오Neo라는 이름 역시, 구세주이자 유일자One라는 의미로 사용되었다. 네오는 유일자, 하나라는 의미로 사용된 One의 아나그램anagram, 곧 스펠링의 순서를 재배치한 것이다. 영화에서 네오가 쓰던 방은 101호였다. 나름 분명한 기억이었지만, 혹시나 해서 Chat GPT를 이용해 확인해 봤다. Chat GPT가, 네오의 방 번호는 조지 오웰George Orwell의 『1984』에서 윈스턴 스미스가 끌려간 방의 번호를 차용한 것이라는 추가적인 정보를 알려줬다.

그리고 삼위일체라는 뜻을 갖고 있는 이름의 여주인공, 트리니티Trinity는 303호를 이용했다. 네오가 처음 트리니티를 만났을 때, 그는 트리니티에게 이렇게 말했다.

"난 당신이 남자인 줄 알았어요"

02

세미나에서 씨를 뿌리고, 해석학은 에르메스에서 가방을 산다

세미나seminar와 기호학semiotics

대학에서 혹은 여러 학술단체나 기업, 여러 단체에서 열리는 크고 작은 세미나seminar는 새로운 아이디어를 기획하고, 창출하기 위한 활동이다. 씨앗seed에서 새로운 싹이 돋아나는 것처럼, 정신적이고 창의적인 싹을 틔우고 싶은 바람이 이름으로 사용된 셈이다. 실제로 seminar는 seed에서 파생된 말이다. 어원적으로 se-는 씨앗을 뿌린다는 의미가 있다.

계절season의 변화는 씨앗seed이 싹을 틔우고 꽃을 피워 열매를 맺는 일과 관계가 깊다. season 역시 se-의 어원과 관계가 있다. 당연히 계절은 씨앗seed을 뿌리는 일과 관계가 깊다. 하나의 뿌리에서 여러 가지가 함께 나온다. 그런 의미에서 우리가 시리즈series라고 부르는 것은 역시 한 가지에서 여러 갈래가 연속해서 이어지다라는 의미로 볼 수 있다.

종자, 씨앗을 의미하는 sem은 생명의 원천이라고 할 수 있다. semen은 정액을 의미한다. sem을 품고 있는 단어들은 대부분 새로운 창조, 생명의 의미를 갖는다. se는 씨앗seed을 의미하기도 한다. 씨를 뿌린다는 말은 sow인데, 역시 느슨하게 se를 포함하고 있다.

여기저기 씨를 뿌린다는 의미에서 산종, 파종disseminate의 철자에도 포함된다. dis-는 먼 곳, 여기저기의 의미로 풀이된다. 한국어에 오미자, 결명자, 구기자와 같은 단어에 있는 자子는 생명의 근원의 의미가 있다. 그렇기 때문에 자子는 씨앗, 물을 의미하기도 한다.

누군가 닮은 사람이 있다면 그 원천인 씨앗이 아마 동일할 것이다. semblance는 그런 의미에서 비슷함, 닮음이라는 의미를 갖고 있다. 동사로는 resemble이라고 표현한다. 다시re- 태어났다sem-는 의미가 결국은 닮았다는 의미로 확장된 것으로 보인다. 누군가의 환생이다라는 표현은 대상이 갖고 있는 놀라운 유사성을 근거로 했을 때 가능한 표현이다. 누군가를 닮았다는 의미로 take after를 쓰기도 한다. 의외로 look after는 돌보거나, 돌보아 주는 것을 의미한다.

얼핏 보면 관계있을 것 같은 기호학semiotics은 그리스어 σημεῖον세메이온, semeion에서 유래한다. 세메이온은 표지mark, 징후symptoms를 의미하는 sem에서 파생되었다. semeio는 기호, 변별적 표지, 전조와 같은 뜻이 있다. seminar와 기원이 다른 것이 아쉽다. 하지만 하나의 기호가 다양한 의미로 해석되는 것은 하나의 뿌리에서 여러 가지가 뻗어 나오는 것과 비슷하다. 근원이라는 의미에서 생명의 원천은 씨앗과 의미가 통한다.

해석학hermeneutics은 그리스 신화의 헤르메스Hermes에서 유래한다. 헤르메스는 소식을 전하는 신, 전령의 신, 해석의 신이다. 같은 스펠링을 사용하는 프랑스 브랜드 에르메스는 설립자(Thierry Hermès)의 이름이기도 하다. 에르메스는 당시 말 안장saddle 같은 마구용 가죽제품을 솜씨 있게 만드는 것으로 유명했다.

닮다라는 뜻의 sem-의 형태가 sim-으로 변하면 simple이 된다. 단순하다는 것은 변화나 차이가 별로 없다는 뜻이다. 전체를 구성하는 요소가 제각각이 아니라 다 비슷하게 어우러져 있는 것이라고 생각하면 맥락이 통할 수 있다. simple은 single과도 관계가 있다. 차이가 없다면 하나와 다를 바 없다. 둘 모두 sem을 근간으로 이어져 있다. 단순하다simple는 것과 하나single라는 것은 의미상 분명하게 통한다.

비슷한 것은 similar라고 하고, 비슷한 것을 넘어 똑같기까지 하면 the same이라고 한다. sim-은 sem-의 변형된 형태로 볼 수 있다. 대상을 비슷한 것과 비교하는 것을 직유simile라고 한다.

어떤 외양이 ~처럼 보인다고 할 때 seem을 사용한다. 역시 무엇과 닮았음을 환기하는 말이다. 외적인 유사성을 나타낸다는 포괄적인 의미가 있지만 대부분 주관적인 판단을 의미한다. 보다 객관적인 증거를 토대로 비슷하다고 말할 때는 appear를 사용한다.

장 보드리야르는 점점 더 가상현실의 영향력이 강해지는 자본주의 현대사회에 관한 『시뮬라시옹』이라는 책을 썼다. 현실보다 더욱 현실 같은 가상현실은 삶의 현실성과 구체성을 점점 생활 속에서 밀어낸다. 시뮬레이션simulation은 현실은 아니지만 현실과 유사하게 본뜬 것을 말한다. 운전면허를 따려면 모의주행simulated driving도 필요하다. 어떤 일이 동시에 일어난 것을 가리켜 simultaneously라고 말한다.

있을 법한 진실, 진실 같은 것을 의미하는 말은 verisimilitude이다. 진실veri과 비슷하게 보이는 것similitude 정도의 의미라고 할 수 있다. 서울대의 로고에 쓰인 *veritas lux mea*는 "진리는 나의 빛"이라는 의미다. 구호가 크면 늘 행동은 초라해 보인다. veritas는 진리를 의미하고, 보다 현대적인 영어에서는 verity가 사용된다. 요즘 많은 사람들은 휴대폰에서 본인임을 인증해야verify 한다. 인증하는 것은 사실임을 증명하는 일이다.

03

이력서 위의 커서는 오늘도 수상하게 깜빡인다

이력서career와 〈불의 전차Chariots of fire〉

career라는 말은 경력, 직업을 뜻한다. 자신의 경력을 기록하는 이력서라는 의미로 resume이라는 말을 썼지만, 언제부터인지 CV라는 용어를 사용하게 되었다. CV는 Curriculum Vitae라는 말로 resume와 비슷한 의미를 갖고 있다.

대부분의 resume은 잠재적인 능력을 중심으로competency-based 자신이 지원하고자 하는 직장을 대상으로 자신이 어떤 능력을 갖고 어떤 경험을 했는지를 최대한 적극적으로 기록한다고 한다. 이에 반해, CV는 자신의 경력을 중심으로 기록한다.

CV는 주로 학계, 연구소, 의료 분야 등 전문화된 분야에서 사용되는데, 이것은 일종의 실질적인 업적중심credential-based 능력을 기록하는 데 사용된다. 어떤 교육을 받았고, 어디서 무엇을 가르쳤고, 연구경력과 전문성이 어느 정도인지를 기록한다. 대부분 resume보다 CV의 목록이 더 길 수밖에 없다.

커리큘럼curriculum은 교과 과정이라는 의미다. 요즘 학생들이 많이 한다는 방과 후 학습은 extracurricular activity라고 한다. curriculum은 career와 공통의 어원을 갖는다. 둘 모두 달리는 것, 달리는 과정과 관계있다. 달리기 위해서는 길이나 코스가 필요하므로, 과정이라는 의미로까지 확장되었다. 그러한 과정을 지나는 것은 곧 경력과 경험을 의미한다. 둘 모두 달린다는 의미의 ker-를 어원으로 삼는다.

한 사람의 경력은 곧 그가 살아온 길이기도 하다. career란 바퀴 달린 마차 등이 달릴 수 있는 길을 의미하기도 한다. chariot는 전차라는 의미인데, 라틴어 *carrus*에서 유래한다. 1981년의 스포츠 영화, 〈불의 전차〉의 영어 제목은 〈Chariots of Fire〉다. 영화에 사용된 반젤리스Vangelis의 음악은 이후 수십 년간 많은 사람들의 사랑을 받았다.

career는 19세기가 되면서 한 개인이 살아온 전문적인 경력을 의미하게 된다. 비유적으로 말한다면, 누구나 자신의 인생이라는 전차chariot를 몰고 살아야 한다고 할 수 있겠다.

chariot은 전차라는 의미다. chariot에서 car의 형태가 보인다. car는 cart, wagon 등과도 관련이 있다. 엘리베이터 승강기는 cabin이라고 하지만, 종종 car라고 부른다. 이런 경우, elevator car라고 한다. 순서를 바꿔 car elevator라고 하면 자동차를 실어 나르는 엘리베이터가 된다.

라틴어 *carras*는 켈트족이 사용하던 두 바퀴의 전쟁용 마차를 의미한다. 이 단어는 켈트, 아일랜드, 웨일즈 등 다양한 지역에서 여러 형태로 사용되었다고 한다. 하지만 모두 달리다라는 뜻을 갖고 있는 인도유럽어인 kers-에 뿌리를 두고 있다.

kers-라는 어원의 뿌리는 달리다, 복도, 현금, 흐름을 의미하는 단어 등에도 나타난다. 지금 이 컴퓨터의 자판이 멈추고 있을 때 깜빡이는 커서cursor에도 들어 있다. 커서는 항상 화면 위를 달린다.

아주 긴 건물의 복도를 한번쯤 달려 본 경험이 있을 것이다. 복도는 corridor라고 한다. 복도는 달리다run라는 뜻과 관계가 있다. cor-는 달리다라는 뜻을 지닌 ker의 소리를 갖고 있다. 물이 흐르는 것은 current라고 한다. correre는 라틴어 *currere*에서 왔다. 달리다라는 뜻이다. 형태상 흐름, 급류 등을 의미하는 current와 비슷하다. 급류 역시 물이 달려가는 것이다.

좁고 기다란 공간에서 달리는 것은 마치 좁은 강폭을 따라 물결이 급하게 흐르는 것과 비슷하다. current는 명사형으로 사용될 때, 현금이라는 말로 사용된다. 경제용어에서 유동성이라는 말은 현금이라는 말과 대등하게 사용된다. 현금은 마치 물처럼 사람과 사람, 기업과 기업 사이를 흐르기 때문이다. 이러한 흐름의 성격 때문에 거시적 경제의 관점에서 현금의 흐름으로 currency가 사용된다. 경제적인 용어로는 '통화'라고 한다.

암호화폐는 cryptocurrency라고 한다. crypto-는 비밀스러운 것을 의미하는 접두어로 사용된다. cryptogram은 비밀스러운 문자 혹은 암호문을 말한다. 암호화하는 것은 encrypt, 암호를 해독하는 것은 decrypt라고 한다.

암호화폐라는 말은 가상화폐라는 말과 비슷하게 사용하는 것 같은데, 엄밀하게 말하면 둘의 문자적인 의미는 다르다고 할 수 있다. 근원적인 의미에서 화폐는 이미 가상적인 것이다. 유발 하라리가 『사피엔스』에서 설명한 것처럼, 원숭이들은 자신들의 바나나를 100달러짜리 지폐와 바꾸려 하지 않을 것이기 때문이다.

가상화폐라는 말은 디지털의 가상적인 이미지를 강조하기 위한 조어겠지만, 의미적으로는 매우 잉여적redundant인 표현이다.

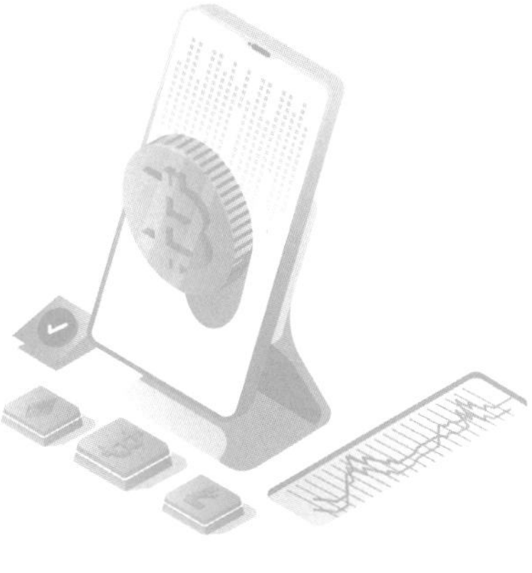

cryptic은 신비스러운mysterious이라는 의미를 갖고 있다. 고대의 밀교occult에서와 같은 '비밀의'라는 의미도 포함한다. 수수께끼, 혹은 비밀과 같은 의미를 가진 단어에는 enigmatic도 있다. 에니그마enigma는 수수께끼, 암호를 의미한다.

에니그마enigma는 2차 세계대전 당시 독일군의 암호생성기의 이름이기도 하다. 연합군은 에니그마가 만들어 낸 암호를 해독할 수 없었고, 덕분에 독일군은 안심하고 작전 비밀을 주고받을 수 있었다.

결과적으로 영국의 암호해독팀은 에니그마의 암호를 풀어내는 데 성공하고 중요한 군사기밀을 해독할 수 있게 된다. 수학자이자 현대 컴퓨터 과학의 선구자였던 앨런 튜링Alan Turing도 그중 한 사람이었다.

영국 정부와 자신의 성적 정체성과 관련해 갈등을 빚었던 튜링은 화학적 치료를 거부한다. 결국 그는 청산가리cyanide를 넣은 사과를 한입 베어 먹고 자살한다. 이로 인해 현장에 남겨진 한 입 베어 먹은 사과는 애플사의 로고가 되었다는 이야기도 전해진다.

04

점치는 빅데이터, 운명의 제비뽑기

점치기augur와 취임연설inaugural speech

동서양을 막론하고 점치기augur는 가장 오래된 문화 중 하나다. 과학을 맹신하고 합리적인 이성을 숭배하는 현대에도 여전히 많은 사람들은 점을 친다. 다만 그 이름과 명칭이 통계나 수치, 과학, 그리고 인공지능artificial intelligence, 빅데이터big data 등으로 바뀌었을 뿐, 인류는 여전히 점의 세계를 살고 있다.

호모 아우구란스Homo Augurans라는 말은 점치는 인간이라는 뜻으로 쓰인다. 점은 인간과 떼어 놓을 수 없는 정신적 본질 중 하나다. 한국어로 "미래를 점치다"라는 표현은 매우 일상적이다. 정말 점구를 놓고 점을 친다는 본래의 주술적 의미는 탈각되었기 때문에 단순히 미래를 예측한다는 정도의 의미로 사용된다.

매 순간 가깝게든 멀게든 미래를 예측하지 않으면 인간은 현재를 안정적으로 영위하기 힘들다. 지금 타고 가는 버스가 사고 나지 않을 거라는 예측 혹은 믿음, 지금 식당에서 먹고 있는 음식이 안전할 것이라는 믿음에는 딱히 확실한 근거는 없다. 지루할 정도로 반복되는 일상이 언제 예외상태가 될지 그 누구도 알 수 없지만, 사람들은 대부분 자신의 일상이 언제까지고 그대로 유지될 수 있을 것이라고 믿는다.

우리의 일상을 지탱해 주는 그러한 믿음은 따지고 들면 대부분 근거가 없다. 20세기 미국의 현대 시인 월러스 스티븐스 Wallace Stevens는 일상의 모든 의심을 믿음으로 바꿔 주는 그 근원을 최상의 허구supreme fiction라고 불렀다. 궁극의 믿음이 허구를 바탕으로 하고 있다는 생각은 참으로 역설적이다. 인간의 존재론에서 허구는 필연적inevitable이다. 그럼에도 불구하고 점치기augur는 늘 과학과 합리적 이성으로부터 비과학적이고 전근대적이라는 비판을 듣는다.

augur의 aug-에는 증가하다라는 뜻이 있다. 증강현실은 Augmented Reality다. 여러 명의 입찰자가 참여해서 가격을 올리는 경매auction에도 aug-의 형태가 보인다. 가격이 올라갈 수 밖에 없다. 8월은 August다. 로마의 황제 아우구스투스Augustus를 기리기 위해 원래 자리의 October를 열 번째 자리로 밀어내고 달력의 여덟 번째 자리를 차지했다. August는 형용사로 쓰일 땐, 존경스럽고venerable, 위엄 있고majestic, 고귀하며noble, 장대하다magnificent라는 뜻을 갖고 있다. 점으로 신성하게 선택되었기 때문이다.

높은 공직에 취임하다라는 뜻으로 inaugurate라는 단어를 사용한다. 여기에는 augur라는 단어가 들어 있다. 아마도 먼 옛날, 인류는 누군가에게 중요한 직책을 맡기기 전, 그런 책임을 맡겨도 좋을지를 점쳤을 것이다. 어떤 면에서 본다면 현대도 역시 마찬가지라고 할 수 있다. 미리 예상하여 후보를 정하고 누구를 선택할지 결정한다. 합리적인 판단이라고 생각하지만, 결정이 미시적으로 어떻게 이루어지는지 합리적으로 설명하기 쉽지 않다.

취임하다라는 뜻의 영어 단어 inaugurate는 원래 점으로 신성하게 하다라는 뜻에서 유래했다. 옛날에는 종교와 관련된 직책을 수행할 사람을 뽑는 데 점을 쳤던 것으로 추측할 수 있다. 종교적으로 신성한 의미를 갖고 있기 때문에, 점의 의미로는 divination이라는 단어가 사용되기도 한다. divine은 신성, 혹은 신과 같다는 뜻이다. 여신을 지칭할 때는 디바diva라고 말한다. 노래 잘 부르는 여성을 일컫는 말로도 사용된다.

대통령과 같은 고위직책을 맡게 된 사람들은 업무를 시작하기에 앞서 취임연설inaugural speech을 한다. 형용사형인 inaugural은 명사로도 쓴다. 명사로 사용될 때에는 그 자체로 취임식이라는 뜻도 있다. 대통령 취임식에 참석하다라는 뜻으로 to attend the presidential inaugural라고 쓸 수 있다.

현대에는 슈퍼컴퓨터가 점을 친다. 일기예보가 그렇다. 한국의 기상청 슈퍼컴퓨터는 500억이 넘는다고 한다. 하지만 일기예보가 항상 맞는 것은 아니다. 과거에 점을 통해 알아낼 수 있는 가장 중요한 정보는 기상에 관한 것이었다.

점과 비슷한 제비뽑기는 sortilege라고 한다. 크기가 다른 막대를 섞어서 누가 제일 긴 막대를 뽑는지draw 혹은 짧은 막대를 뽑는지를 가려서 일을 결정한다. 때로 복잡한 의사결정은 아주 짧은 시간에 단순하게 내리는 것이 결과적으로 더 효과적일 수 있다. 결정을 내리기까지 걸린 시간의 길이와 결과의 효과가 비례하는 것만은 아니다.

1998년작 영화 〈아마겟돈*Armageddon*〉에는 주인공들의 생사를 가르는 결정을 돕기 위해 제비뽑기가 등장한다. 6개의 전선 가닥을 뽑아 그중 짧은 것을 선택하면 당첨된다. 운명을 거부하는 것은 때로 극적이다. 브루스 윌리스는 제비뽑기에 걸린 딸의 남자친구를 대신해서 돌아오지 못할 길을 떠난다.

sortilege는 라틴어 *sortilegus*에서 유래하는데, 운명을 점친다, 미래를 점친다는 뜻이 있다. 과거엔 막대를 뽑는 게 아니라, 주사위를 던져서 운명을 점치기도 했다. 과거로부터 현재까지, 어쨌거나 인간은 늘 미래를 예측할 수 있어야 한다. 요즘은 더욱 그렇다.

sortilege는 마법witchcraft, 마술magic, 주문enchantment을 의미하는 sorcery와도 관계가 있다. sorcery의 어원에 해당하는 sort-는

엑셀에서 많이 쓰는 편리한 기능의 이름이기도 하다.

sort는 분류하고 나누는 것을 의미한다. 자신이 속한 계층, 인종, 성별은 고스란히 운명이 되기도 한다. 그래서, sort는 자체로도 운명fate, lot, destiny의 의미를 갖는다. 제비뽑기sortilege는 분명 좋은 운명과 나쁜 운명을 나누고 분류한다는 의미에서 운명적이다.

캐러멜, 사탕, 아이스크림에는 다양한assorted 맛이 있다. assorted는 대상을 일련의 그룹으로 분류sorted해 놓은 것이다. 여러 그룹으로 분류되니, 결과적으로 다양하다various라는 뜻이 된다.

점과 운명destiny에 대한 사회적인 인식에는 아직 많은 오해와 비판이 공존한다. 100여 년 전 지그문트 프로이트Sigmund Freud의 정신분석학psychoanalysis이 처음 등장했을 때도 그랬다. 정신분석학은 엄격한 도덕을 중시하던 19세기 사람들에겐 과도하게 성중심적pansexual인 학문이었고, 무의식unconsciousness이라는 개념은 잘 받아들여지지 않았다. 그런 이유로 세간의 비판과 비난을 받고 있을 때, 프로이트는 자서전적인 기록에서 이렇게 말했다.

> "그래도, 나는 희망을 갖고 있습니다. 그것은 내가 인류의 문명과 지식에 새로운 작은 길을 하나 열었다는 것입니다"
>
> "I can, however, express a hope that I have opened up a pathway for an important advance in our knowledge."

05

주홍글씨가 브랜드로 빛나는 금욕의 밤

브랜드brand와 『주홍글씨The Scarlet Letter』

현대는 브랜드brand의 시대다. 심지어 브랜드 없는 브랜드인 노브랜드No Brand도 등장했다. 브랜드에 열광하고, 브랜드에서 삶의 의미를 찾는 사람들은 점점 많아지고 있다.

나이키, 아디다스, 람보르기니, 롤스로이스, 샤넬, 에르메스. 심지어 집에도 브랜드가 생겼다. 래미안, 롯데캐슬, 힐스테이트. 때로 평범한 이름은 브랜드가 되는 순간 사람들의 욕망을 집어삼키는 자본주의의 블랙홀이 된다.

브랜드는, 유발 하라리Yuval Harari가 말하는 허구적인 것을 믿는 인간의 능력을 잘 보여 준다. 사람들은 실제 효용가치보다 브랜드가 가지고 있는 지명도와 유명세를 더욱 중요하게 여긴다.

브랜드는 자신의 소유임을 표시하는 행위를 의미했다. 농장에서 불로 달군 쇠막대를 이용해서 가축들의 소유자를 표시하던 관습에서 유래한다. 불로 지져서 도장을 찍는 것처럼 표시를 하기 때문에, 낙인이라는 의미로도 사용된다. 낙인은 부정적 의미로 사용될 때가 많다. 이 단어는 불, 화염, 불로 달구는 것, 심지어 칼이라는 의미까지도 가지고 있는 말이다.

지금은 상품의 이름을 브랜드라고 하지만, 과거엔 자기 소유의 가축을 표시하기 위해 불로 달군 쇠로 낙인을 찍는 것을 의미했다. 노예제도slavery가 번성하던 시기, 노예 주인들은 자신의 노예를 표시하기 위해 불로 달군 쇠로 낙인을 찍었다. 낙인이 찍히던 신체 부위는 대부분 왼쪽 가슴쯤이다. 현재 대부분의 티셔츠에 로고logo가 박혀 있는 자리이기도 하다.

자본주의 사회가 가속화되고, 브랜드가 현대인의 삶을 속박하는 현실을 생각해 볼 때, 셔츠에 박힌 로고의 위치가 노예들에게 낙인을 찍었던 위치와 동일한 것은 매우 흥미로운 일이다. 많은 현대인들이 브랜드의 노예slave라는 사실을 이보다 더 상징적으로 말해 주는 것이 있을까.

19세기 미국의 소설가 나다니엘 호손Nathaniel Hawthorne의 작품 『주홍글씨』는 낙인이 어떻게 개인의 삶을 힘들게 할 수 있는지를 잘 묘사하고 있다. 『주홍글씨』는 소설 속 주인공 헤스터 프린Hester Prynne의 옷에 천으로 새겨진 글자 A를 의미한다. 불로 지져서 새긴 낙인은 아니지만 주인공의 영혼에 깊은 상처를 새긴 낙인이었다.

비평가들은 A를 간통adultery을 의미하는 이니셜로 보기도 하고, 혹은 헤스터 프린의 아름다운 성정과 헌신 그리고 희생으로 인해 천사angel의 이니셜이라고 보기도 한다.

헤스터의 딸은 펄Pearl이다. 진주pearl라는 의미다. 진주는 조개가 모래나 작은 돌멩이를 삼켰을 때 생겨난다. 작고 딱딱한 돌조각이 조갯살에 상처를 내고, 그 상처를 아물게 하려고 조개가 내뿜는 물질이 돌조각을 둘러싸면서 진주가 생기기 시작한다. 손톱만큼 커다란 진주는 영롱하고 아름답지만, 생살 속에 박힌 이물질foreign body로 인한 상처의 고통이 온전히 응결된 것이기도 하다.

헤스터와 딤스데일Dimmesdale 목사가 겪어야 했던 사회적 냉대와 비난의 고통 속에서 태어난 펄은 아름답게 자란다. 또한 사회의 규범과 질서의 바깥에서 나고 자랐으므로, 펄은 때로 순수하고innocent 천진난만했지만, 종종 반항적rebellious이고, 질서에 순종적이지 않았다. 펄에게 주홍글씨는 일종의 패스포트passport와 같은 것이었다. 그것으로, 펄은 당시의 다른 여자라면 감히 가 보지도 못했던 곳까지 갈 수 있었기 때문이다. 낙인으로 남은 상처는 오히려 자유와 모험의 특권이 되었다.

왜 주홍scarlet글씨인가? 주홍색은 마치 상처scar의 속살 같은 색깔이다. 단어의 생김으로만 본다면, 주홍scarlet은 상처scar와 관계있을 법도 하지만, scarlet은 밝은색의 옷감 색을 의미하는 단어로부터 유래한 말이라고 한다.

주홍색은 그 자체로 많은 상징적인 의미가 있다. 사랑이나 열정 그리고 인간의 속살과 같은 느낌을 자아내는 것으로 인해 인간의 욕망과 죄를 의미하기도 하고, 그리스도의 피와 구원을 동시에 나타내기도 한다. 특히 『주홍글씨』 소설 속 청교도Puritan 사회에서, 주인공의 성격을 상징하기도 하는 주홍색은 별로 환영받지 못하는 화려한 색이다. 자신의 욕망을 부정하는 극도로 경직된 사회에서 헤스터의 주홍글씨scarlet letter는 그 자체로 눈에 띄는 스펙터클spectacle이었을 것이다.

많은 브랜드들에서 이름을 지을 때 그 브랜드를 최초로 만든 사람의 이름을 따는 경우가 많다. 6살 때부터 바느질을 배웠다는 코코 샤넬Coco Chanel은 세계대전 이후 가장 유명한 패션 브랜드의 수장이 되었고, 트랙터를 만들던 람보르기니Lamborghini는 상처받은 자존심 때문에 자동차를 만들었다.

람보르기니는 투우와 관계된 이름으로 자동차를 명명하는 전통이 있다. 레벤톤Reventon은 투우사matador를 죽인 황소의 이름이다. 무르시엘라고Murcielago는 코르도바 경기장에서 투우사 라파엘 몰리나 산체스에게 24번 칼에 찔렸어도 살아남았던 황소의 이름이다.

메건 트레이너Meghan Trainor의 〈Made you look〉이라는 노래가

유행이다. 브랜드가 어떤 역할을 하는지, 그리고 브랜드에 의존하지 않는 가치가 어떤 것인지를 재치 있는 가사로 잘 표현하고 있다.

> 구찌나, 루이비통을 걸칠 수도 있지만,
> 그런게 없어도 당신은 나를 바라보게 될 거야.
> 베르사체 드레스를 입어도 멋지지만,
> 아침에 헝클어진 머리로 있을 때 난 더 섹시해.
> I could have my Gucci on. I could wear my Louis Vuitton
> But even with nothin' on. Bet I made you look.
> Yeah, I look good in my Versace dress
> But I'm hotter when my morning hair's a mess

06

중력의 멘토링은 파토스를 거스르고

구루guru와 멘토링mentoring

정신적인 스승을 의미하는 말로 구루guru가 있다. 힌두어Hindi에서 유래한 구루는 존경할 만한, 영예로운 스승, 성직자 등을 의미한다. 그런 사람들은 대개 무게감이 있다. 그래서 guru 역시 무게감 또는 묵직하다라는 의미를 갖고 있다.

무게가 있다는 뜻에서, 어떤 것이 더 무겁고, 진지하다는 것을 표현하는 단어들에 guru의 어원이 포함된다. guru는 gra-의 형태로 실현되면 무거움, 혹은 무게 있음을 의미한다. 대표적으로 중력gravity을 들 수 있다. 지구에 있는 모든 것은 중력gravity으로부터 자유로울 수 없다. 새의 깃털, 꽃잎 한 장, 민들레 홀씨마저도 모두 무게weight가 있다.

진지하고 무게감 있는 위엄이 있을 때 grave라고 한다. 무덤grave에 가면 누구나 엄숙해진다. 무덤은 땅을 파서 만든다. engrave는 뭔가를 파내는 것을 의미한다. 칼로 조각을 하거나 글씨를 새길 때, 그것은 표면을 아래로 파고 내려가는 것을 말한다. 크게 보면 무덤 역시 땅을 파고들어 가는 일이다.

guru 외에도, 스승, 혹은 지도자라는 말로 멘토mentor를 사용하기도 한다. mentor는 그 형태 때문에 ~을 하는 사람이라는 -or의 형태가 붙을 것으로 오해되기도 한다. 하지만 만약 그렇다면 ment-는 무슨 뜻인가? 진술하다statement, 공표하다announcement 등의 단어에서 -ment가 말하다라는 뜻을 갖고 있는 것으로 유추한다면 정말 근사한 설명이 될 수 있을 것이다. 하지만 여기서 ment는 단순히 명사를 만들어 주는 접미사suffix에 불과하다.

멘토mentor는 사람 이름이다. 이른바 고유명사인 셈이다. 그렇기 때문에 멘토에서 파생한 mentee 등의 단어는 그 기원이 오해에서 비롯된 것으로 봐야 할 것이다. mentee는 멘토의 지도를 받는 수동적인 위치에 있는 사람을 의미하는 것으로 이미 웹스터Webster 등의 사전에도 등재되어 있다. 멘토르는 호메로스의 〈오디세이아*Odysseia*〉에 등장하는 인물이다.

오디세우스는 트로이 전쟁Trojan War에 참전하면서 집을 떠나게 되자, 자신의 믿음직한 친구였던 멘토르Mentor에게 어린 아들

텔레마코스Telemacus와 아내 페넬로페를 보살피는 것은 물론 집안의 모든 일들을 일임하고 떠난다.

하지만 전쟁이 끝나도 오디세우스가 돌아오지 않자 페넬로페는 주변의 남성들 때문에 많은 어려움을 겪게 된다. 아들 텔레마코스가 있었지만, 이들을 상대하기는 너무나도 벅찼다. 이를 지켜보던 아테나 여신은 멘토르의 모습으로 변신하고서 텔레마코스를 용기 있고 당당한 청년으로 가르친다.

오디세우스의 어린 아들 텔레마코스를 돕는 경험 많고 나이 많은 노인 멘토의 모습에서 멘토라는 말이 유래하게 되었다. mentor라는 말은 신화 속에서 오디세우스의 친구 멘토르가 행했던 조언과 협력, 가르침의 의미로 사용된다.

멘토르의 가르침을 받았던 텔레마코스의 이름에는 매우 멀리까지tele- 싸우는machus 사람이라는 의미가 있다. 텔레마코스의 tele-는 멀리까지 볼 수 있는 망원경을 의미하는 telescope와 동일한 어근을 갖는다. 가까이서 아주 작은 것을 본다면 현미경microscope이 된다. 잠수함submarine은 주위peri-를 먼저 살펴보고scope 부상한다. 잠망경periscope은 필수적이다. 가슴에 대고 심장의 박동 소리를 듣는 것은 청진기stethoscope이다. 쉽게 유추할 수 있겠지만 텔레비전television, 전화기telephone, 텔레파시telepathy, 목적론teleology 등의 단어에는 여전히 텔레마코스의 메아리가 남아 있다. 정말 멀리까지 영향을 끼친 인물이다.

목표는 항상 멀리 있는 것일까? telos는 끝, 한계, 목적의 의미를 갖고 있다. 목적론teleology은 세계 안에서 벌어지는 모든 현상들을 목적과 관련지어 설명하는 방식을 의미한다. telepathy는 멀리서도 소통이 가능한 정신감응 능력이다. 역설적이지만 가장 대중적인 초능력이라고 할 수 있을 것이다. 멀리서도tele 느낄pathy 수 있다는 뜻이다. pathy는 pathos에서 파생되었다. 파토스pathos는 인간의 쾌락과 고통을 수반하는 다양한 감정을 의미한다. 이에 대비되는 자연적 성격, 성향, 도덕적 성격은 ethos라고 한다. 윤리학ethics은 여기서 유래한다.

파토스pathos는 슬픔이나 감정의 동요를 의미하기도 하고, 순간적으로 강렬하게 고양된 감정상태를 가리키기도 한다. 정상적이지 않은 욕망과 지배욕 등이 과도한 것을 의미하기도 한다. 형용사로 pathetic은 슬픈, 불쌍하다라는 뜻이다.

감정을 이입하는 것은 empathy이고, 동정과 연민sympathy은 그 사람의 감정을 함께sym- 느낄pathy 때 가능하다. 다른 말로는 compassion도 있다. 고난passion을 함께com-한다는 의미라고 할 수 있다. 냉담과 무관심은 apathy라고 한다. 종종 사회적 문제가 되고 있는 사이코패스psychopath는 정신병자를 의미하고, 소시오패스sociopath는 사회윤리적 의식에 문제가 있는 사람을 가리킨다.

pathogenic은 병patho을 만들어 내는genic, 즉 발병시키다라는 의미가 있다. 유전자를 의미하는 gene은 다양한 방식으로 생산의 의미를 만들어 낸다.

pathetic은 병적이다라는 의미로도 읽히지만 처량한, 슬프다라는 형용사로도 사용된다. 차이코프스키Tchaikovsky의 〈Pathétique(Symphony No. 6 in B minor)〉은 많은 영화의 배경음악으로 사용되었다.

07

파라솔 그늘 아래 루시퍼는 형이상학을 읽는다

낙하산parachute과 〈기생충parasite〉

철 지난 이야기지만 봉준호 감독의 영화 〈기생충〉은 많은 이야깃거리를 남겼다. 감독의 전작 〈괴물〉의 영어 제목이 숙주를 뜻하는 〈Host〉였던 것을 생각하면, 영어 제목 사이에 모종의 관계가 있는 것 같다. 기생충parasite은 숙주host에 붙어 살아간다.

para-는 한쪽 면, 측면, 옆면 등의 의미를 갖고 있다. parasite에서 -site는 웹사이트website, 혹은 관광지tourist site에서처럼 장소를 의미한다고 생각하기 쉽다. 기생한다는 의미가, 어떤 것의 옆에 붙어 있기 때문에 장소와 관련된다는 의미가 있기 때문이다.

하지만 장소를 의미하는 -site와는 다른 어원을 갖고 있다.

어원적으로는 불확실하지만, parasite의 -site는 sitos에서 유래했다고 하는데, 이것은 음식, 먹을 것, 곡식을 의미한다고 한다. 즉 옆에서 누군가의 음식을 축내고 있는 형상인 셈이다. para-는 옆, 측면이라는 의미에서 어떤 것이 직선이 아님을 의미한다. 돌려서 교훈을 전달해 주는 이야기를 가리켜 우화parable라고 한다.

햇빛을 직접 받지 않게 도와주는 것은 파라솔parasol이다. 태양sol을 비껴서para 그늘을 만들어 준다. sol은 태양을 의미한다. 형용사 형태로는 solar를 사용한다. 알랭 들롱Alain Delon이 주연한 1960년작, 〈태양은 가득히〉라는 영화가 있었다. 원제목은 〈Plein Soleil〉이다. 프랑스어 Soleil은 태양을 의미한다. 영어로 한다면 Full Sun이다.

태양이 눈부셔서 사람을 죽였다는 알베르 카뮈의 소설에 등장하는 주인공 이름은 뫼르소Meursault다. 혹자는 뫼르소의 이름이 죽음meur, mor과 태양saul, soleil, solar의 조어라고 주장하기도 한다. 소설의 내용에 딱 들어맞는 작명이지만 근거는 불분명하다.

paraphrase는 이미 언급한 진술을 다시 풀어서 말하는 것을 의미한다. 시poetry로 쓰인 것을 산문prose으로 다시 쓰는 것이 대표적이다. paraphernalia는 자신의 옆para-에 지니고 다니는pher- 잡다한 물건, 소지품 등을 의미한다. pher-는 가지고 다니다, 혹은 아이를 낳다라는 뜻도 있다. pher-는 영어에서 fer-의 형태로 나타난다.

가다, 이동하다의 의미를 가진 fer-의 형태를 띠는 단어에는 여러 종류가 있다. Lucifer, metaphor, transfer 등이 대표적이다. 루시퍼Lucifer는 사탄Satan으로 널리 알려진 존재일 것이다. 이름에는 빛lu-을 가지고 다니다fer라는 뜻이 있다. 의외라고 할 수 있을까? 루시퍼는 아침의 별morning star을 의미한다.

빛을 의미하는 lu는 조도의 단위로 쓰이는 루멘lumen, 조명의 단위를 나타내는 럭스lux에 사용된다. 백혈병leukemia에서 살짝 변형된 스펠링의 leuk는 빛, 환하다라는 의미를 갖고 있다. 백혈병은 영어 어원의 뜻 그대로를 한자로 표기한 것이다. 단어의 어원에 해당하는 leuk-는 한자로 백白에 해당할 것이다.

-emia는 haima-와 관련이 있는데, 헤모글로빈hemoglobin에서도 나타난다. haima-는 hemo-의 형태로 나타나는데, 피blood를 의미한다. 의학 분야에서, hematopoiesis는 말 그대로 혈액 생성을 의미한다. 피를 의미하는 hema-와 짓다, 만들다라는 뜻을 가진 poetica의 의미가 결합된 말이다.

poetica는 시를 의미하는 poem, poet(시인) 등으로 파생된다. 한국어에서도 시를 "짓는다"라고 표현하는 것은 poetica에 만들다, 짓다는 뜻이 있는 것과 공교롭게 일치한다. haima는 -emia의 형태로 나타난다. a-는 부정을 의미한다. 따라서 anemia는 빈혈이 된다. 백혈병을 이르는 말인 leukemia는 말 그대로 하얀leuk 피emia를 의미한다.

빛나는 달은 lunar라고 한다. 대상을 통과해서도 빛이 보이는 것은 translucent로 투명하다라는 뜻이다. 투명하다라는 뜻으로는 루시드lucid도 있다. 루시드 폴Lucid Fall이라는 가수가 있었던 것으로 기억한다. 투명한lucid 가을fall이 있다. 루시드 드림lucid dream도 있다. 자신이 꿈을 꾸고 있다는 것을 의식하면서 꾸는 꿈이다. 이런 꿈에서는 자신이 각본을 쓰기도 한다. 자각몽이라고도 한다.

메타포metaphor는 문학적 은유를 말한다. 하지만 문학을 모르는 사람도 은유를 사용한다. 세상에 대한 인간의 직관형식이기 때문이다. 다분히 선천적인 능력이라고 할 수 있다. meta-는 어떤 것을 넘어선다는 의미가 있다. 혹은 이후에 연결되는 대상에 관한 것이라는 의미도 있다.

정치적 유배를 당했던 파블로 네루다와 순박한 우편배달부의 잔잔한 교감을 그렸던 영화〈일 포스티노*Il Postino*〉는 예술의 본질에 관한 영화라고 할 수 있다. 영화는 그 자체로 예술에 대한 메타포metaphor였다.

페이스북의 이름이 메타로 바뀐 것처럼 메타meta는 점점 더 그 의미가 커져 간다. 아리스토텔레스Aristoteles는 자연의 물질과 경험에 대한 내용을 주로 하는 『자연학*Physics*』이란 책을 썼다. 그리고 존재와 실재 등에 대한 주제로도 글을 남겼는데, 후에 아리스토텔레스의 편집자들은 자연에 관한 책Physics을 순서상 먼저 두었고, 존재의 본질, 실재론과 같은 내용은 뒤에 배치했다고 한다.

책의 배열 순서상 physics 다음after, 너머beyond에 위치한 책이라고 해서 metaphysics라고 불렀다. metaphysics라는 제목 아래 다뤄진 주제들은 형이상학이라고 부르는 내용들이다.

paramedic은 구급의료대원, 준의료 종사자를 의미한다. 하지만 낙하산parachute이라는 단어와 연관해 낙하산부대 위생병을 의미하기도 한다.

과학철학자 토머스 쿤Thomas Kuhn의 『과학혁명의 구조*The Structure of Scientific Revolutions*』 덕분에 유명해진 paradigm은 본래 옆에서para 보여 주다deik라는 의미였다. 쿤은 이것을 "특정 경험 영역 내에서 사고의 형태로 작용하는 논리적 또는 개념적 구조"라는 의미로 사용했다. 지금은 거의 일상적인 용어로 자주 사용되며, 사회문화 개념의 프레임 정도의 의미로 활용되는 것 같다.

normal은 정상이라는 뜻이다. abnormal은 비정상이다. paranormal은 정상을 초월한 것을 의미한다. 인간의 과학으로 설명할 수 없는 초자연적인 현상이다.

그런데 초자연적인 것이란 무엇인가? 자연적인 것과 초자연적인 것은 사실 같은 말 아닌가? 자연 너머의 것으로 자연이 아닌 것은 없기 때문이다. 자연의 숭고함과 경이로움은 18세기 서구 낭만주의의 주된 사상이었다. 낭만주의에 대한 훌륭한 비평을 남겼던 M. H. 아브람스의 대표적인 저서의 제목은 『자연적인 초자연주의*Natural Supernaturalism*』였다.

08

〈아라비아의 로렌스〉를 보시면 사막을 디저트로 드립니다

디저트dessert와 사막desert

1962년 데이비드 린David Lean 감독의 〈아라비아의 로렌스〉는 중동 지방의 사막desert을 배경으로 벌어지는 로렌스Thomas Edward Lawrence 경의 아랍 반란Arab Revolt에서의 역할을 그린 영화다. 사막은 매우 역설적인 공간이다. 생명의 대척점에 있지만, 많은 사람들은 사막에서 삶의 본질과 생의 의미를 성찰한다.

알베르 카뮈Albert Camus는 사막에 대한 특별한 애정이 있었던 작가였다. 그는 인간의 실존적 상징으로서 사막에 대해 사색하며 말한다. "사막의 광활한 침묵 속에서 우리는 우리 자신과 오롯이 마주할 수 있고, 아마도 그 압도적인 외로움 속에서 우리는 우리 자신의 존재의 진실을 엿볼 수 있을 것이다." 인류의 역사와 문화에서 사막의 역할, 고독과 사색과의 연관성, 그리고 경외와 공포를 불러일으키는 사막에 대한 틀림 수 없는 성찰이라고 할 것 같다.

생텍쥐페리Antoine de Saint-Exupéry는 전쟁에 참전했던 조종사이기도 했다. 그의 실제 경험을 바탕으로 한 『바람과 모래와 별들』은 대표적인 작품이라고 할 수 있다. 그보다 더 널리 알려진 『어린 왕자』는 사막에 불시착한 조종사와 지구에 온 어린 왕자와의 이야기이다.

사막에 불시착한 조종사에게 어디서 왔는지 알 수 없는 아이가 다가와 그림을 그려 달라고 한다. 양sheep을 그려 달라고 해서 양을 그려 줬는데, 자신이 원하는 양이 아니란다. 몇 번 다시 고쳐 그렸지만, 여전히 어린 왕자는 자신이 원하는 모습의 양이 아니라고 한다. 귀찮아진 조종사는 구멍 뚫린 상자를 하나 그려 주고, '네가 원하는 양이 이 상자 안에 있다'고 말한다. 그제서야 어린왕자는 기뻐하며 말한다.

"내가 바라던 양이에요"

"This is exactly the way I wanted it"

사막을 의미하는 desert는 버려진 땅, 아무도 살지 않는 곳, 황량한 땅이라는 의미를 갖고 있다. 버려지다, 포기되다라는 의미는 desert의 단어에서 살펴볼 수 있다. ser는 줄을 선다는 뜻이다. 어디서든 서비스service를 받기 위해서는 순서를 기다리거나, 줄을 서야 한다.

줄을 선다는 것은 사람들의 왕래와 소통이 있어야 의미가 있다. de-라는 반대 접두어가 결합되면서 왕래와 소통은 사라지게 된다. 더 이상 어떤 형태로든지의 서비스service가 가능하지 않다. 하다못해 전화 서비스가 되지 않는 곳에서도 정상적인 생활은 어려울 것이다. 사막은 사람들의 발길이 끊긴 곳이다.

사막desert이라는 단어는 동사로도 사용된다. 동사로 사용되면 버리다라는 뜻이 된다. 역시 사막을 의미할 때의 어원이 살아있다. 줄을 서는 것line up에서 이탈de-하다라는 뜻이다. 뭔가를 얻기 위해서 혹은 어떤 조직의 구성에서 벗어나는 것을 의미한다. 그래서 deserter는 보통 탈영병을 의미한다.

멋진 식당에서의 저녁dinner은 디저트dessert로 완성된다. 사막을 의미하는 영어 단어 디저트desert는 식사 후의 디저트dessert와 늘 헷갈린다. 다른 단어 같지만, 어원적으로 두 단어의 스펠링이 같게 쓰이기도 했다. 식사 후의 디저트를 의미하는 데 desert라는 스펠링이 사용되기도 했었다. 여기서 de-는 완벽하게 하다, 완성하다라는 의미를 갖는 것으로 보인다. sert는 service를 의미하는데, 식당에서의 서빙serving을 생각하면 된다. 식사 후의 디저트는 "식사 서비스를 완성한다"는 의미를 갖는다. 디저트가 왜 식사

후에 나오는지 이해가 간다.

디저트는 식사의 마지막에 나오는 과일이나 사탕 같은 것이다. 디저트dessert에 사용된 de-는 접두어 dis-와 비슷하게 제거하다, 치우다라는 의미로 사용한다. 그래서 dessert는 식사에서 서비스했던 그릇과 음식을 치운다는 의미를 갖게 된다. 식사 코스의 마지막이라는 의미도, 식사했던 것을 치운다는 의미도 무난하다. 어찌되었건, 멋진 식사를 완벽하게 마무리하는 달콤한 후식이 디저트dessert다.

파르페parfait는 널리 알려진 디저트 메뉴다. 파르페는 영어로 perfect에 해당한다. 식사를 코스course라고 말할 때, 시작과 완결에 대한 개념은 필연적인 것으로 보인다. 식사의 끝을 완벽하게 끝낸다perfect는 의미에서 디저트의 이름을 파르페라고 붙인 것으로 추측한다.

식사에 코스course라는 말을 사용한 것을 유추해 보면 서구문화의 전통과 깊은 관계가 있음을 알 수 있다. 코스course라는 말은 달리다, 흐르다라는 뜻의 cursus, 그리고 더 근원적으로 kers라는 어원과 관계가 있다. 코스는 달리는 길 혹은 흐름current을 의미한다. 뛰는 것은 시작이 있고 끝이 있다. 코스는 그래서 시작과 끝이 중요하다.

시작beginning과 끝ending은 서구문화에서 매우 중요한 문화적 개념이다. 성경The Bible은 창세기Genesis로 시작해서 계시록Revelation으로 끝난다. 흔히 직선적인linear 세계관이라고 부른다. 이러한 세계관에서 시간은 오직 한쪽 방향으로만 흐른다. 역사의 방향 역시 정해져 있다.

반면 동양의 시간관은 순환적circular이다. 윤회사상은 그러한 시간관에서 비롯된다. 근대문명이 동양을 잠식해 오기 전까지 서기A.D.라는 연대기Chronicle의 개념은 존재하지 않았다. 한국은 연도를 표기할 때 60갑자甲子를 사용했다. 따라서 60년이 지나면 다시 그 해가 돌아오는 것이다. 1년에서 시작해서 2023년까지 순차적으로 비가역적으로 흐르는 시간의 개념은 60년이 지나면 다시 시작되는 갑자력의 시간과는 질적으로 다르다.

노출 시간을 길게 해서 밤하늘을 촬영한 사진은 북극성Polaris, the North Satr을 중심으로 한 원운동을 보여 준다. 밤하늘의 천체constellation는 하나의 거대한 시계와 같다. 그 시계는 늘 같은 자리로 다시 돌아온다. 태양은 항성이라고 한다. 하지만 움직이지 않는 것은 아니다. 태양 역시도 은하의 중심에 밀집한 질량에 의해 태양계의 모든 행성을 데리고 2억 3천만 년에 한 바퀴씩 돌고 있다고 한다. 2천 년 문명의 역사로 2억 3천만 년을 예측하는 것은 쉬운 일이 아닐 것이다.

지구는 23.5도 기울어진 축axis 때문에 미세하게 움직인다. 이것은 세차운동precession이라고 한다. 그래서 지구는 북극성을 기준으로 아주 조금씩 자리를 이동하고 있다고 한다. 현재 북쪽의 기준이 되는 북극성Polaris은 오랜 시간이 지나면 다른 별에게 자리를 내어 줄 것이다. 1만 2천 년 후엔 베가Vega성이 북극성의 자리에 오게 된다고 한다.

09

밤하늘의 거대한 시계를 보면 운명이 눈을 뜬다

캔서cancer와 게자리cancer

암은 영어로 cancer다. 한국말로 그냥 캔서라고 부르는 경우도 많아졌다. 별자리에 관심 있는 사람이라면 별자리에도 똑같은 이름의 cancer가 있는 것을 알고 있을 것이다.

밤하늘의 별자리constellation 중 하나인, 게자리는 영어로 cancer라고 한다. 같은 단어를 사용한 것이 우연의 일치라고 생각할 수 있겠지만, 유래를 살펴보면 질병으로서의 암cancer과 별자리 이름 게자리cancer는 서로 관계가 있다.

서양의학의 아버지라고 여겨지는 히포크라테스Hippocrates는 혈관에서 발견되는 종양 덩어리를 카르키노스karkinos라고 기록했다. 카르키노스는 게crab를 뜻한다. 암 종양의 색깔 변화나 암 덩어리가 퍼져 나가는 모습이 게를 닮았다고 한 데서 그런 이름이 붙여졌다고 한다. 라틴어로는 *cancr-*의 형태이고, c와 k가 같은 소리가 난다는 점에서, 그리스어로 karkinos와 어원적 형태가 유사하다.

산스크리트어로 karkata와도 관계가 있는데, 모두 게crab를 의미한다. 어원상 kar-에는 딱딱하다라는 의미가 있다. 게를 의미하는 crab는 종종 crap과 혼동된다. 어느 중국집 메뉴판에 게살 볶음밥이 Fried Rice with Crap으로 쓰여 있는 것을 본 적도 있었다.

crap은 원래 어떤 대상에서 떨어져 나온 것 혹은 나머지 여분을 의미한다. 혹은 헛간이나 마구간에 떨어져서 밟힌 곡물을 의미하기도 한다. 경우에 따라 돈을 의미하는 속어로 통용된다. 어쨌거나 배설물을 의미하는 용법은 단어가 원래 가지고 있었던, "분리되어 떨어져 나오는 잉여"라는 의미가 옮겨져 사용된 것 같다. 비속어성 감탄사에 많이 사용된다.

게자리cancer는 6월 21일에서 7월 22일 사이에 태어난 사람의 별자리다. 게자리를 포함한 12개의 별자리는 zodiac이라고 부른다. 조디악은 동물들의 원circle of animals을 뜻하는 그리스어 ζῳδιακὸς κύκλος조디아코스 쿠클로스에서 유래한 라틴어 *zōdiacus*조디아쿠스에서 파생되었다고 한다.

황도 12궁 zodiac은 순서대로 양자리Aries, 황소자리Taurus, 쌍둥이자리Gemini, 게자리Cancer, 사자자리Leo, 처녀자리Virgo, 천칭자리Libra, 전갈자리Scorpio, 궁수자리Sagittarius, 염소자리Capricornus, 물병자리Aquarius, 물고기자리Pisces로 구성된다. 워낙 상징성이 커서 12궁의 각 이름은 때로 문학이나 시, 혹은 예술작품의 이름으로 그대로 사용되기도 한다.

태양계는 그 전체가 아주 오랜 시간에 걸쳐서 황도 12궁을 지나고 있다고 한다. 하나의 별자리에서 다른 하나의 별자리로 이동하는 시간은 대략 2,200년 정도로 추산한다. 공교롭게도 이러한 시간의 변화는 기독교에서 양자리Aries가 중요한 상징이었던 시간에서, 물고기자리Pisces가 중요한 상징이 되는 시간과 겹쳐진다. 오컬트에 매료되었던 영국의 시인 예이츠 역시도, 인류의 문명은 2,000년을 주기로 변화한다고 보았다.

미국의 소설가 돈 드릴로Don DeLillo는 1988년 『천칭자리*Libra*』라는 제목의 소설을 발표했다. 케네디 대통령의 저격범이었던 리 하비 오즈월드Lee Harvey Oswald의 생애와 그와 연관된 CIA와의 음모를 그린 작품이다. 역사적인 사실fact과 허구fiction를 뒤섞어 놓은 포스트모던postmodern의 대표적인 소설이라고 할 수 있다.

작품의 제목으로 사용된 천칭자리Libra는 저울이다. 저울의 핵심은 균형과 대칭이라고 할 수 있다. 정치적인 권력과 균형에 대한 은유로 해석한다고 한다. 당연히 실제인물 리 하비 오즈월드의 생일 별자리이기도 하다.

아주 간단한 점성술astrology에서 천칭자리에 해당하는 사람의 성격은 극적dramatic이고, 신뢰하기 어렵고unreliable, 양면성two-faced을 갖고 있으며 예측할 수 없다unpredictable고 해석한다.

비슷하게 사용되는 천궁도horoscope는 조디악을 바탕으로 만들어진 개인의 미래와 운명을 예측하는 도표라고 할 수 있다. 종종 조디악과 호로스코프는 혼동되어 사용되기도 하지만, 조디악은 태양이 1년 동안 지나는 별자리를 말하고, 호로스코프는 그 별자리의 상징을 토대로 개인의 운명과 미래를 예측하는 것을 의미한다.

천궁도horoscope라는 단어는 시간을 보다scope라는 뜻이다. 시간을 의미하는 Hour는 그리스어 hora에서 왔다. 호라hora는 인도유럽어원 쪽으로는 연과 계절을 의미하는 yer-라는 어원으로 이어진다. 해와 연을 의미하는 year의 어원과 같다. 시간이 모여서 한 해가 되는 것이다.

scope는 스펙터클에서처럼 보는 것, 볼 만한 광경이라는 뜻의 spek에서 파생되었다. horoscope는 그래서, 누군가가 태어난 시간을 관찰한다는 뜻으로도 해석한다. 그가 태어날 때의 시간을 살펴보는 것을 통해 그의 운명과 미래를 점칠 수 있다는 생각이 점성술의 바탕이 되었다.

이러한 생각은 동양에서도 비슷하게 나타난다. 우연의 일치라고만은 할 수 없다. 별자리, 곧 태어난 시간의 하늘의 모습이 개인의 운명을 결정한다는 생각은 서양의 역법이 동양으로 전래되면서 함께 유입된 생각이다. 동양에서는 개인의 운명보다는 왕이나 국가의 운명을 주로 보았기 때문에 군국점성술이 발달했었다. 따라서 태어난 시간을 토대로 개인의 운명을 논하는 것이 동양의 전근대적인 발상이라고 말하기는 어려울 것이다.

형이상학적metaphysical 시간을 시각적 이미지로 치환할 수 있는 고대 사람들의 상상력은 운명을 눈에 보이는 것으로 만든 셈이다.

10

오이디푸스는 『데카메론*The Decameron*』을 읽고 12월에 떠납니다

12월December과 십진법decimal

『데카메론The Decameron』은 이탈리아의 작가 지오반니 보카치오Giovanni Bocaaccio가 1350년경 저술한 100편의 소설을 모은 책이다. 이 책은 세계사 시간이나 고전문학 시간에 늘 빠지지 않고 등장한다. 『데카메론』의 내용은 사랑에 관한 이야기에서 에로틱erotic한 것, 비극적인tragic 것까지 다양하다.

덕분에 단순한 오락적, 문학적 인기를 넘어서, 14세기의 민중들의 삶을 엿볼 수 있는 중요한 역사적 가치를 갖고 있다. 비슷한 시기 윌리엄 셰익스피어William Shakespeare나 제프리 초서

Geoffrey Chaucer도 영향을 받았을 것으로 여겨진다.

데카deca-라는 말은 10이라는 뜻이다. 십진법은 decimal이라고 한다. decade는 십 년을 의미하고, 그냥 decades라고 복수로 쓸 때는 불특정한 수십 년의 세월을 의미한다. 모세가 하느님으로부터 받았던 10가지의 계율은 십계명decalogue이라고 한다. 열 가지deca-의 말씀logue이라는 뜻이다.

서양의 달력에서, 원래 December는 10월을 의미했다. 지금 12월로 사용하고 있는 것은 중간에 7월과 8월이 추가되었기 때문이다. 로마에서는 자신들의 위대한 황제를 기념하기 위해 달의 이름에 줄리우스 시저와 아우구스투스의 이름을 넣었다. 덕분에 시저의 이름 Julius는 7월July로, 아우구스투스Augustus의 이름은 8월August로 남았다.

중간에 새로운 2개의 달이 생기면서 차례대로 7월이었던 september는 9월이, 8월이었던 October는 10월이, 9월은 11월, 10월은 12월이 되었다.

7, 8, 9, 10은 라틴어로 *septem*, *octo*, *novem*, *decem*이다. 8을 의미하는 octo-는 일상적으로 많이 쓰인다. 8음계는 옥타브octave라고 한다. 다리가 8개인 문어는 octopus, 말 그대로 여덟octo-의 다리pus를 의미한다.

pus는 다리, 발을 의미한다. pus는 ped의 형태로도 사용된다. 자전거의 바퀴를 돌리는 것은 페달pedal이다. 이족보행은 bipedalism이라고 한다. 인간은 두bi- 발ped로 걷는다. 차도road 옆의 인도를 걷는 보행자는 pedestrian이다.

소포클레스Sophocles의 희곡 〈오이디푸스*Oedipus Rex*〉에 등장하는 주인공의 이름에도 pus가 들어 있다. 오이디푸스Oedipus는 발이pus 부었다oidan는 뜻이다. 희곡의 내용은 동서양을 막론하고 공통적으로 나타나는 신화를 소재로 한다.

어느 날 테베Thebes의 왕 라이오스Laius는 신탁oracle으로부터 예언을 받게 된다. 그것은 아들이 자기를 몰아내고 왕비와 결혼한다는 것이었다. 신탁의 예언이 두려웠던 왕은 아들이 태어나자마자 심복을 시켜서 아이를 처리하게 한다. 왕의 명령을 받고 왕자를 처리하려던 부하는, 차마 아이를 살해할 수 없어 숲속에 발을 묶어 두었다(버전마다 디테일의 차이가 존재한다).

마침 숲길을 가던 어느 부부의 눈에 띄어 아이는 목숨을 구하게 되는데, 발견 당시 아이의 발Pus이 퉁퉁 부어swollen 있어서, 아이의 이름은 오이디푸스Oedipus가 되었다. 오이디푸스는 그리스어로 부은 발, 혹은 형태가 이상한 발을 의미한다.

오이디푸스는 이후 다른 왕가로 입양되어, 그곳에서 입양된 사실을 모른 채 성인으로 자라게 된다. 그러던 어느 날 자신에 대한 끔찍한 예언을 알게 된 오이디푸스는 자신의 아버지를 살해할 것이라는 예언을 피하기 위해 집을 떠난다.

신탁의 예언은 이로써 본격적으로 이루어진다. 라이오스가 그랬던 것처럼, 오이디푸스가 자신에 대한 예언prophecy을 피하기 위해 내린 바로 그 결정으로 인해 그는 운명의 그물에 걸리고 만다. 결국 집을 떠나 떠돌던 오이디푸스는 길가에서 우연히 마주친 생부 라이오스와의 다툼 끝에 그를 살해하고 만다.

운명fate 속엔 그것을 거부하려는 저항까지도 이미 포함되어 있다. 라이오스가 아들을 버리지 않았다면 운명이 달라질 수 있었을까? 오이디푸스가 자신의 운명을 거부하기 위해 떠나지 않았다면? 거부할 수 있다면, 그것은 운명이라고 말할 수 없을 것이다. 어부의 매듭처럼, 벗어나려 할수록 더 단단히 묶일 수밖에 없다.

결국 예언대로, 자신의 아버지를 살해하고 어머니와 결혼한 오이디푸스는 자신의 어머니이자 아내가 된 이오카스테Iocaste, Jocasta의 브로치brooches로 두 눈을 찌르고 장님이 되어 테베를 떠난다.

운명에 대한 이야기라면 『로미오와 줄리엣』을 빼놓을 수 없다. 로미오Romeo는 머큐시오에 대한 복수revenge로 줄리엣 가문의 티볼트를 살해한 후, 이렇게 절규했다.

"나는 운명의 손에 놀아나는 바보로구나"

"I'm a fortune's fool"

11

인디고, 블루, 코발트블루, 울트라마린

울트라마린[ultra marine]과 청바지[blue jeans]

영어로 파란색을 의미하는 단어는 다양하다. 일반적인 블루[blue]에서, 청바지의 파란색인 진[jeans], 코발트블루[cobalt blue], 그리고 울트라마린[ultra marine]까지. 흔히 파란색은 차분하고 이성적인 분위기를 만들어 낸다고 여겨진다. 또 나쁜 의도가 없는 순박한 공상이나 상상과 연관되기도 한다. 하지만 파란색은 감정보다 이성에 가깝다.

푸른색으로 칠해진 방은 넓어 보인다. 하지만 텅 빈 느낌에 따뜻하고 안정된 느낌을 주기는 어렵다. 그래서 감정이나 정서

보다 이성적인 판단과 합리적인 정서가 필요할 때 파란색은 중요하게 쓰인다. 1995년, IBM이 만들었던 인공지능 컴퓨터가 전 세계 체스 챔피언이었던 게리 카스파로프를 이겼다. 컴퓨터의 이름은 딥블루Deep Blue였다.

청바지blue jeans는 일상에서 가장 흔하게 접하는 파란색 의류일 것이다. 청바지 회사 리바이스는 1853년 바이에른 출신의 리바이 스트라우스Levi Strauss가 창립했다. 처음 회사 이름은 리바이 스트라우스 & 코퍼레이션Levi Strauss & Co.이었지만 리바이스Levi's로 줄였다. 스트라우스는 1873년 청바지 주머니 모서리에 구리 리벳을 덧대는 것으로 특허를 취득했는데, 지금도 청바지의 대표적인 특징으로 남아 있다.

1890년부터 리바이스에서는 501이라는 분류 번호를 사용하기 시작했고, 현재까지 청바지 모델로 사용된다. 청바지는 남녀노소 국적과 문화를 불문하고 많은 인기를 얻었으며, 1964년엔 리바이스 진이 워싱턴 박물관에 진열되기도 했다. 청바지는 blue jeans이다. 흔히 jeans라고 하기도 한다.

진jean이라는 이름은 의외로 스위스에서 유래한다. 청바지처럼 값싸고 튼튼하게 염색할 수 있는 것은 당시 인디고indigo라는 염료였다. 현재도 인디고는 푸른색 계열을 지칭할 때 사용된다. 스트라우스는 광부들과 카우보이를 위해 아주 질긴 바지를 만들면서 파란색으로 염색했다.

염색을 위해 인디고가 필요했는데, 당시 인디고는 대부분 제네바Geneva 상인들로부터 수입했다고 한다. 그래서 "제네바 상인들의 푸른색Blue de Genes"이라는 표현에서 영어식의 blue jeans가 유래했다고 한다. 제네바Geneva는 이탈리아의 도시 제노아Genoa와 동일한 어근을 갖는다. Jeans는 Genoa에서 만들어진 천이라는 의미의 Jane으로부터 파생된 것으로 확인되기도 한다. 하지만 어느 경우든, 제네바와 제노아는 동일한 어원을 갖고 있고, 거기서 변형된 형태로 jeans가 파생된 것으로 보인다.

인디고가 파란색의 염료인 것처럼, 파란색을 만드는 또 다른 색소에는 아주리트azurit가 있다. 아주리트의 단어에서 보이는 것처럼, azure는 깨끗하고 구름 한 점 없는 파란 하늘을 말한다. 청금석을 의미하는 라피스라줄리lapis lazuli의 이름에도 azure의 변형된 형태가 -azuli의 형태로 들어 있다.

널리 알려져 있는 코발트블루cobalt blue는 킹스 블루king's blue라고도 불리는 초록빛이 감도는 짙은 파란색을 말한다. 코발트cobalt라는 말은 코볼드kobold에서 왔는데, 요정이라는 뜻이다. 깜깜한 탄광 속에서 코발트블루는 마치 신비로운 요정의 눈처럼 보였기 때문에 이런 이름이 생겼다고 한다. 앞서 파란색은 이성적인 것을 의미하지만, 가볍고 순수한 공상과 관련이 깊다고 했는데, 코발트블루는 그런 가벼운 판타지에 어울리는 색이라고 할 수 있을 것이다.

파란색을 말하면서 울트라마린ultra marine을 빼놓을 수 없다. 시대를 막론하고 울트라마린은 가장 값비싼 색이다. 유럽 미술

사에서 울트라마린이 사용된 유명한 작품은 세밀화라고 할 수 있는 〈베리 공작의 매우 호화로운 시간들*The Very Rich Hours of the Duke of Berry*〉이다. 이 작품에는 항상 울트라마린이 사용되었는데, 1410년경 그려졌지만 오늘날까지도 그 푸른 광채를 잃지 않고

있다고 한다.

중세 종교화에서 기독교의 상징은 주로 색을 통해서 표현되었다. 파란색은 그중 성모마리아의 색깔이다. 울트라마린으로 채색된 성모마리아는 승리의 성모, 하늘의 여왕과 같은 의미를 부여받는다. 하지만 성모마리아가 항상 울트라마린의 파란색으로 그려지는 것은 아니다. 특히 예수가 함께 등장하는 그림에서 울트라마린은 거의 사용되지 않았다고 한다.

색깔의 위계가 종교적 위계와 일치하지 않기 때문이다. 예수는 신god이기 때문에, 예수와 함께 등장하는 그림에서 마리아의 파란색은 저렴한 색소 혹은 어두운 파랑의 색으로 채색되었다고 한다. 이런 위계질서는 미적으로도 의미가 있었다고 한다. 울트라마린의 파랑이 광채가 나는 빨강과 함께 있으면 미적으로 불안정한 느낌을 준다고 한다.

울트라마린의 뜻은 바다를 의미하는 마린marine 너머ultra라는 의미이다. 울트라마린을 만드는 청금석의 원산지가 인도양, 카스피해, 흑해의 건너편이었기 때문이라고 한다. 울트라라는 말은 어떤 것보다 위에, 건너에, 초월해서라는 의미로 사용된다.

흔히 사용하는 선크림에 쓰여 있는 UV는 자외선ultraviolet이라는 말의 약자이다. 여기서도 ultra는 위를 의미하는 단어로 쓰였다. 바이올렛violet은 제비꽃이다. 제비꽃은 보라색이어서, 보라색 자체를 의미하기도 한다. 따라서 자외선ultraviolet은 보라색 위의 색깔 혹은 빛의 파장이라는 뜻이다. 보라색(자색) 바깥, 그래서 자외선이다.

비슷하게 적외선은 인프라레드infrared라고 부른다. 인프라infra라는 말은 하부, 아래를 의미한다. 사회경제에서 인프라라는 말은 통상 일반적인 개념처럼 사용되기도 한다. 사회경제의 기본 토대는 흔히 인프라라고 부른다. 물질적인 토대는 아래와 관계 있다. 적외선infrared은 빨강 아래, 스펙트럼에서 빨간색의 바깥 아래에 있다는 뜻이다. 그래서 적외선이다.

뤽 베송의 1988년 영화 〈그랑블루*Le Grand Bleu*〉는 심해의 푸른 빛이 얼마나 무한과 가까운 느낌을 줄 수 있는지를 보여 준 영화였다. 바닷속은 어떤 면에서 우주로 나가는 것과 비견될 만큼 무한한 느낌을 준다. 결국 닿을 수 없기 때문이다.

12

생태를 이해하면 경제는 미신이 된다

생태학ecology과 경제학economy

eco-라는 말은 "자연"을 의미하는 것처럼 사용된다. 자연의 의미를 강조하기 위한 새로운 조어들은 에코eco라는 단어를 많이 활용한다. 에코자전거, 에코빌리지, 에코페미니즘. 대부분 에코eco-를 자연이라고 생각하고 사용된 용례들이다. 하지만 어원적으로 eco-는 그리스어 oikos로 집home이나 거주하는 곳dwellings을 의미한다.

에콜로지ecology는 생태학을 의미한다. 넓게 생각해 보면, 자연은 인간의 가장 큰 집이므로, 집과 자연의 의미가 교호된 것이 큰 문제는 아니라고 하겠다. 하지만 eco-가 집이라는 본래 의미에 더 충실하게 사용된 경우가 있다. 경제를 의미하는 이코노미economy가 그것이다.

경제economy라는 말의 기원은 결국 한 가정의 살림살이를 계획적으로 구성하는 데 있다고 할 수 있겠다. 처음엔 한 가정의 살림살이를 의미하다가 범위가 확장되어 지역, 혹은 한 국가, 혹은 세계적 규모의 살림살이에도 이코노미economy라는 단어를 사용하게 된 것 같다.

-nomy는 노모스nomos에서 왔다. nomos는 물건이나 일을 다루다manage라는 뜻이 있는데, 여기서 자원을 분배하고 할당하다라는 의미가 생겼다. 더 나아가 절약이나 자원의 분별 있는 사용 등도 의미하게 되었다. 집안에서 식량을 적절하게 분배하는 것은 갈등이나 분쟁이 생기지 않게 하기 위해 매우 중요한 일이다.

-logy는 학문의 명칭으로 사용된다. 말을 뜻하는 logos와 관계가 있다. 말의 논리는 곧 학문의 논리가 된다. 그래서 logic은 논리적이라는 의미를 갖고 있다. logy가 붙어서 학문을 의미하는 경우는 생물학biology, 지질학geology, 점성술astrology 등 다양하게 존재한다. 반면 -nomy가 붙어서 학문을 의미하는 경우도 있다. 천문학astronomy, 경제학economics 등이 있다.

학문의 이름을 나타내는 접미사에는 -ics도 있다. 물리학은 physics, 수학은 mathematics, 윤리학은 ethics, 정치학은 politics, 그리고 언어학인 linguistics 등이 있다.

영어에서 학문의 명칭은 보통 이 세 가지 형태로 끝난다. ics, logy 그리고 nomy이다. -ics로 끝나는 학문은 대체로 과학이나 수학적인 원칙과 관련된 학문에 사용된다. 자연의 현상을 설명하기 위한 과학, 수학이론의 적용을 강조하는 학문들에 쓰인다고 한다.

-logy는 어떤 특별한 주제에 대한 연구와 관련된 학문을 의미한다. 역사나 연구대상의 성격 자체를 강조할 때 사용한다. 생물학biology, 심리학psychology 등에 해당한다.

-nomy는 규칙이나 법, 질서와 같은 내용의 학문에 사용한다. 이 때문에 자연스럽게 어떤 분야의 질서와 규칙을 다루는 학문의 이름에 사용한다. 천문학이나 경제는 대표적인 예라고 할 수 있다. 질서의 핵심은 조직과 분류라고 할 수 있고, 또한 규정과 규칙 등에 대한 내용을 강조할 때 사용한다.

-nomy는 법이나 질서를 의미하는 그리스어 νόμος노모스, nomos에서 유래한 말이다. 노모스의 반대말은 그 앞에 부정접두어 a가 결합된 anomos이다. 질서가 없다는 뜻이다. 이 때문에 질서가 없는 혼란의 상태는 아노미anomie가 되었다.

비슷한 형태임에도 학문의 성격이 다른 것은 명칭에 대한 유추를 통해 살펴볼 수 있다. 별을 뜻하는 astro에 대한 관찰로부터 점성술과 천문학이 생겨났다. 점성술은 astrology이다. 점성술은 밤하늘의 별자리를 살펴보고 인간의 운명fate을 점치는 학문이라고 할 수 있다. 인간의 운명이라는 주제에 대한 학문이다.

천문학astronomy은 천체운동의 규칙, 천체의 질서를 살피는 학문이라고 할 수 있다. 밤하늘의 규칙과 법칙, 질서를 밝히는 것은 천문학의 영역이다.

비슷하게 생태학과 경제학에도 적용할 수 있다. 생태학ecology은 인간의 거대한 집이라고 할 수 있는 자연에 대한 학문이라고 할 수 있다. 하지만 경제economy는 인간의 경제활동의 규칙과 질서에 대한 학문이라고 할 수 있다.

지질학은 geology이다. 땅geo의 이치와 질서logy를 연구하는 학문이다. 이성理性, 이치理治를 말할 때 사용되는 이는 한자로 理라고 쓴다. 한자의 구성에 玉(구슬 옥)이 포함되어 있는데, 과거 옥을 다룰 때, 옥의 결을 따라 다루던 방식에서 기인한다고 한다.

옥에는 다루는 것을 쉽게 하는 결이 있고, 다루는 것이 어려워지는 결이 있다. 다루기 쉬운 결을 따르는 것이 이치의 원리라고 본 것이다. 나무의 결도 마찬가지라고 할 수 있다. 결을 따르면 자르기 쉽지만, 결을 거슬러 자르기는 어렵다. 땅에도 결이 있어서 그 결의 흐름과 움직임을 살피는 것이 결국 땅의 성격과 성질을 연구하는 지질학geology이 되었다.

봄, 여름, 가을, 겨울의 순차적인 흐름을 이성적이라고 할 수는 없다. 자연은 단지 그러할 뿐이다. 그 현상을 질서로 규정한 것은 인간이다. 그리고 인간은 그 규정에 맞추어 인간의 행위가 이성적인지, 이성적이지 않은지를 판단한다. 하지만 자연은 인간의 이치 위에 존재한다.

풍수가에 전해 오는 말이 있다.

"풍수에 맞는 땅은 있어도, 땅에 맞는 풍수는 없다."

뭔가의 아래에 있다는 것은 지배와 종속의 의미가 있다. 또한 그것의 질서나 규범을 벗어나지 않는 것을 의미한다. understand는 아래under에 서stand 있음으로 원리를 이해하고 그것에 복종한다. 미신superstition은 그 위super에 서sti- 있음으로 인간의 논리로는 이해하기 어려운 것이다.

13

테트리스 하는 백신과 사륜구동 소 한 마리

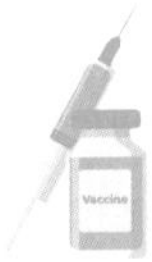

백신vaccine과 황소cow

코로나를 거치기 전까지 전염병pandemic이라든가 백신vaccine 같은 말은 〈미션임파서블〉에서나 볼 수 있을 정도로 일상과는 거리가 먼 단어였다. 이제 백신이라는 단어는 너무나 흔한 일상용어가 되었다.

코로나 초기, 이것을 팬데믹으로 인정하느냐의 문제가 뉴스에 나온 적이 있었다. 팬데믹으로 인정하는 것은 그만큼 심각한 현상이다. 비슷하지만, 엔데믹endemic과 팬데믹pandemic은 정도와 범위가 다르다. 두 단어 모두에 접미사로 사용된 demic-은 사람들people을 의미한다. 민주주의democracy에도 들어 있다. 사람들demo에 의한 정치체제cracy라는 뜻이다. -cracy는 본래 규율과 힘을 의미하지만, 정치체제를 의미하는 접미사처럼 사용된다. 금권정치는 플루토크라시plutocracy, 관료주의는 뷰로크라시bureaucracy라고 한다. 최근 자주 언급되는 능력주의에도 있다. 능력주의는 메리토크라시meritocracy라고 한다.

특정 지역에 한정된 전염병, 혹은 풍토병으로 번역되는 endemic은 일정 지역에서en(in) 사람들demic 사이에 퍼져 있다는 뜻이다. pandemic은 지역적 범위에 제한을 두지 않고, 전부, 모든pan 사람들demic 사이에 퍼져 있는 병이라고 할 수 있다.

pan은 전부, 모두를 지칭하는 접두사다. 범신론pantheism은 모든pan 것에서 신성theism을 발견한다. 과거 지구의 모든 대륙이 하나의 땅이었다는 이론은 판게아pangaea라고 부른다. 판게아는 말 그대로 모든pan 땅gaea이라는 뜻이다.

1980년대까지만 해도 백신을 지칭하는 말은 지금과 좀 달랐다. 왁찐 혹은 우두라는 단어가 사용되던 것으로 기억한다. 둘 모두 현대의 백신vaccine을 의미하는 말이었다. 영어의 백신vaccine은 일본어로 와꾸친ワクチン으로 표기되었는데, 받침이 없는 일본어의 특성상 음절이 늘어났다. 그랬다가, 다시 한국으로 들어오면서 왁찐으로 음절이 줄어든 것으로 보인다.

우두는 그 vaccine의 원래 의미를 바탕으로 번역된 말이라고 할 수 있다. vaccine은 소cow와 관련이 있다. 라틴어 *vaccinus*는 소로부터, 소와 관련된이라는 의미를 갖고 있는 말이다. 영어에 소와 관련된 형용사로는 bovine이 있다. 소 같은, 혹은 둔하다라는 의미로도 사용된다. 천연두smallpox에 대처하기 위해, 증상이 좀 덜한 소의 우두cowpox 바이러스를 이용해서 사람에게 주사했던 것으로부터 우두라는 말이 생겼을 것으로 보인다. 단어의 핵심인 라틴어 *vacca*는 소를 의미한다.

3년이라는 긴 코로나 기간 동안 자가격리를 안 해 본 사람은 많지 않을 것이다. 자가격리는 self-quarantine이라고 한다. 증상과 조치에 따라 self-isolation으로 쓰이기도 한다. quarantine은 본래 숫자 4를 나타내는 의미가 중심을 이루는 단어였다.

14세기경, 베네치아Venetia는 정책적으로 배의 입항과 출항을 통제했다고 한다. 만약 항구로 들어오는 배가 전염병이 있었던 국가에서 왔다면, 선원들은 배에서 내리기 전 40일 동안 항구에서 배에서 내리지 못하고 기다려야 했다고 한다. 코로나 기간 동안 해외 입출국을 제한했던 것과 비슷한 조치였다.

항구에서 기다리는 기간은 40일quarantine이었다. 라틴어 *quaranta*, *quadraginta*는 40을 의미하는데, 기본적으로 quarter는 4라는 숫자와 관계가 깊다.

미국에서 쿼터quarter는 25센트 동전이다. 25센트는 1달러의 1/4이기 때문이다. 시간을 표시하는 맥락에서 쿼터는 15분이 된다. 한 시간은 60분이고, 60분의 1/4은 15분이기 때문이다. 따라서 quarter to nine이라면 8시 45분이 되는 것이다.

미식축구에서 가장 중요한 포지션은 쿼터백quarterback이다. 미식축구의 초창기에 선수가 스크림scrimmage 뒤쪽back 4분의 1선quarter에 위치했던 것으로부터 유래한다고 한다. 처음에는 quarter-back이었지만, 지금은 quarterback으로 쓴다.

음악에서 말하는 쿼텟quartet은 4중주를 의미한다. 20세기 미국의 시인 토머스 엘리엇T. S. Eliot은 〈4개의 4중주*Four Quartets*〉라는 매우 긴 시를 쓰기도 했었다. 4연으로 구성된 시, 혹은 행 4개를 묶어서는 quatrain이라고 부른다. 아우디 자동차 중에는 콰트로quattro라는 모델이 있다. 바퀴 4개가 모두 돌아가는 사륜구동이다.

할리우드 액션 총질 영화에 빠지지 않고 등장하는 요소가 있다. 바로 스쿼드squad라고 쓰인 티셔츠를 입은 팀이다. 군대에서 사용하던 용어라고 할 수 있다. 보병infantry이 작전에서 중요한 역할을 하던 상황에서, 대부분의 작전활동은 4명이 동서남북 사방을 살피면서 대형formation을 이루던 것을 의미한다. 4개의 방향을 의미한다는 뜻에서 정사각형을 의미하는 square도 역시 quarter와 관계가 있다.

squad라는 말은 친구들의 모임, 그룹을 의미하는 말로 요즘 힙한 사람들 사이에서 사용된다고 한다. 친구들이든, 동호인이든 무리를 짓는 것을 squad로 표현한다는 것은 그만큼 결속력과 의리, 단결이라는 면에서 차별화하고 싶은 마음이 반영된 것으로 볼 수 있겠다.

콰트로quatro는 스페인어로 단순히 숫자 4 혹은 4로 구성된 그룹을 의미한다. 비슷하게 4를 의미하는 그리스어 테트라tetra 역시 많은 영어 단어들과 결합해서 나타난다. 가장 흔하게는 바닷가에서 볼 수 있는 테트라포드tetrapod가 있다. 발pod이 4개인 기하학적 모양 때문에 그런 이름이 붙었다. 한국말로 한다면 사발이가 되겠다. 삼발이는 tripod, 흔히 삼각대三脚臺라고 부른다.

그리스어에 기원을 두고 있는 tetra는 주로 학술적이거나 과학적인 의미를 갖고 단어를 구성할 때가 많다. tetra가 사용된 용어를 몇 개 찾아봤다.

Tetrahedron, Tetrahydrocannabinol, Tetrafluoroethylene, Tetramethylammonium, Tetramethylsilane…

블랙테트라blacktetra는 과거 한국의 밴드 이름이기도 하고, 또 열대어 이름이기도 하다.

1984년 구소련에서 만들어진 비디오 게임 테트리스tetris는 세계적으로 널리 알려진 게임이다. 게임은 도형 조각을 틀 모양에 맞추는 것으로 아주 단순한 게임이지만, 시대의 아이콘이 될 정도로 유명해졌다. 동양이든 서양이든 역시 크게 훌륭한 기교는 단순해 보인다(대교약졸大巧若拙).

테트리스tetris 게임을 만들었던 파지트노프Alexey Pajitnov는 사각형에서 4를 의미하는 tetra와 자신이 좋아하던 운동 테니스tennis를 합쳐서 tetris라는 이름을 고안해 냈다고 한다. 훌륭한 작명이다.

14

텔레비전을 망원경으로 보면

텔레비전television과 망원경telescope

미국의 밴드 그룹 버글스Buggles의 노래 〈Video Killed the Radio Star〉는 지금 들어도 정말 힙한 예언시처럼 들린다. 오랜 라디오 중심의 대중문화에서 티비 중심의 대중문화로 전환된 것에 대한 근사한 통찰이다. 텔레비전은 근 100년 인류문명사에 가장 획기적인 발명품이라고 해도 과언이 아니다. 멀리 있는 누군가의 모습과 풍경을 손 닿을 수 있는 거리에서 본다는 것은 마법과도 같은 일이다.

tele-라는 접두사는 멀리 떨어져 있다는 뜻을 지녔다. 멀리 있는 광경vision을 볼 수 있게 하기 때문에 텔레비전television이라는 이름이 붙었다. 멀리 있는 것을 관측한다scope는 뜻에서, 망원경은 telescope라고 한다. 아주 미세한micro 것을 관찰하는 기구는 현미경microscope이라고 한다. scope에는 관찰, 관측의 의미가 있다.

잠수함이 해상의 주변peri 환경을 살펴볼 때 사용하는 잠망경은 periscope라고 한다. 병원에서 사용하는 청진기는 stethoscope라고 한다. 그리스어로 가슴을 의미하는 stēthos와 scope가 결합되었다.

tele라는 말에는 멀리 있다는 공간적 의미가 있기 때문에, 물건을 옮기거나 이동하는 것을 텔레포트teleport라고 한다. tele+port의 구성으로 볼 수 있다. port는 항구를 의미하는 대표적인 말이지만, 동시에 물건을 이동하다라는 의미로도 사용된다. portable은 이동할 수 있는, 가지고 다닐 수 있는이라는 뜻을 지녔다.

포터porter에는 그래서 짐꾼이라는 뜻이 있다. 시중에 포터라는 이름의 트럭이 있는데, 좋은 작명이다. 항구에는 짐꾼이 많다고 생각하면 왜 그렇게 사용되는지 쉽게 이해가 될 것이다. 〈스타트렉*Startrek*〉에서 유명해진 공간이동은 teleportation이다. 단순히 교환하고 바꿔 타는 교통transportation이 아니라, 멀리tele- 까지 이동하는 것이다.

멀리 있는 소리phone를 주고받는 기계는 텔레폰telephone이다. 전보telegram는 보낼 수 있는 글자가 한정되어 있었다. 마치 점gram을 찍듯이 메시지를 보내야 했다.

폰phone은 소리sound, 혹은 목소리voice라는 어원을 갖고 있다. 심포니symphony는 여러 악기들이 함께sym 소리의-phony 조화를 만들어 내는 교향곡이다. 하고 싶은 말을 좋게 돌려서 하는 것은 완곡어법euphemism이라고 한다. 말phem(phone)을 좋게eu- 하다라는 뜻이다.

사람의 심리를 상담하는 에니어그램enneagram은 사람을 9가지 성격으로 분류하는 성격유형지표를 의미한다. 그리스어에서 9를 뜻하는 ennear와 점, 선, 도형을 의미하는 grammos의 합성어로 만들어졌다.

에니어그램의 기원에 대해서는 여러 가지 설이 있다. 보통 1950년대 볼리비아의 정신-영적 교사인 오스카 이차조Oscar Ichazo와 1970년대 칠레의 정신과 의사였던 클라우디오 나란조Claudio Naranjo의 가르침에서 파생된 것으로 보고 있다. 에니어그램은 일종의 유형학typology으로서 기하학적 도형의 점으로 표현되는

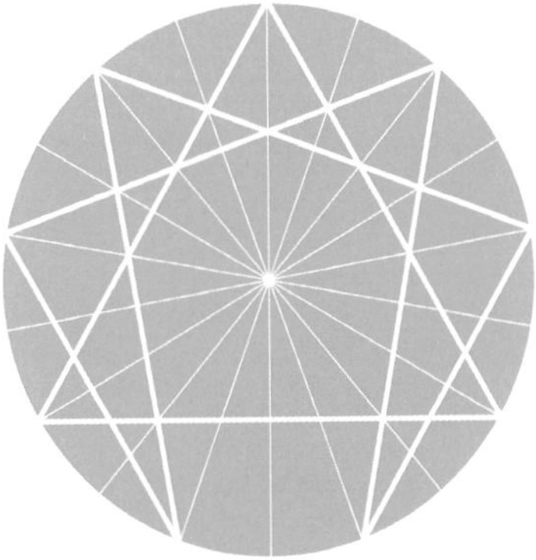

9가지 성격 유형을 보여 준다. 9가지 성격의 유형은 개혁가, 조력가, 선동가, 예술가, 사색가, 충성가, 만능가, 지도자, 조정가 등으로 구분된다.

인간의 성격이나 심리의 유형을 판단하는 데에는 다양한 이론과 방법들이 존재한다. 에니어그램 말고도 MBTI나 점성술, 그리고 사주팔자 역시도 개인의 성격과 유형을 이해하는 도구로 사용된다. 그것이 얼마나 합리적이고 과학적인가의 문제는 개인이 판단해야 할 몫이다.

15

부에노스아이레스에 가면 편지는 연필로, 맑은 공기 가득 넣어서

말라리아Malaria와 부에노스아이레스Buenos Aires

장국영이 주연했던 영화 〈해피투게더〉에서 부에노스아이레스Buenos Aires는 매우 중요한 배경으로 등장한다. 부에노스아이레스는 아르헨티나의 수도이자 가장 큰 도시이다. 남아메리카 동남부 라플라타강의 하구에 위치한 항구 도시이며, 남아메리카에서 가장 큰 도시 중의 하나라고 할 수 있다.

도시의 이름인 부에노스 아이레스는 "좋은 공기"라는 뜻을 갖고 있다. buenos는 불어의 bone-, bon- 등과 같은 계열의 접두사로 좋다good라는 뜻을 갖고 있다. 흔히 식사 전의 인사로 사용하는 bon appetite 역시, 즐거운 좋은 식사라는 의미로 사용된다. 여행을 떠나는 사람에게는 Bon voyage라고 한다.

Aires는 air과 같은 계열이다. aria는 흔히 오페라의 아리아와 동일한데, 여기서는 공기를 뜻하는 air를 의미한다. 하지만, 노래를 하는 데 중요한 것이 호흡이라는 것을 생각해 본다면, 노래를 의미하는 아리아[aria]가 공기[air]와 밀접한 관계를 갖고 있는 것은 당연해 보인다.

좋은 공기가 있는 것처럼, 나쁜 공기를 의미하는 말도 있다. 말라리아[malaria]다. 말라리아는 나쁜 공기, 건강에 안 좋은 공기라는 뜻을 갖고 있다. 그래서 malaria는 나쁜 공기[bad air]라고 할 수 있다. mal-은 보통 사악한, 나쁜 등의 의미로 사용된다. 사악한 의도, 악한 의도는 malice라고 한다. 어떤 질병이 malignant하다면 그것은 악성이다.

악성의 반대는 benignant라고 한다. benign은 좋다라는 bene-그리고 본질, 성질을 의미하는 단어 gene-이 결합했다. 친절하다, 온화하다라는 의미다. bene-가 들어가는 단어들은 대부분, 좋은, 선한, 훌륭한 등의 의미와 관계있다.

〈말레피센트[*Maleficent*]〉라는 영화가 있었다. 일각에서는 〈잠자는 숲속의 공주〉의 21세기 헐리우드 버전이라고도 하는 것 같다. maleficent는 악행[mal-]을 저지르는[ficent], 피해를 주는 것을 의미한다.

반대로 beneficent는 선한[bene] 행동을 하는[ficent] 것으로 이해할 수 있다. benevolent(자비로운), beneficiary(수혜자), benefit(이익) 등의 단어는 모두 좋다는bene- 것과 관계된 의미를 갖는다.

셰익스피어Shakespeare는 훌륭한 극작가이지만, 동시에 훌륭한 작명가이기도 했다. 그가 사용한 등장인물의 이름은 종종 등장인물의 캐릭터를 아주 훌륭하게 보여 준다. 셰익스피어의 희극 〈십이야Twelfth Night〉에 등장하는 멜볼리오Malvolio는 이름을 통해서 그의 성격을 미리 유추할 수 있게 해 준다. 물론 아주 나쁜 인물이라고 할 수는 없지만, 그는 충분히 자기중심적이고, 사악한 의도를 갖고 있는 인물이었다.

또 다른 드라마인 〈로미오와 줄리엣〉에는 벤볼리오Benvolio라는 로미오의 사촌이 등장한다. 그는 극중 서로 원수 같은 몬터규Montague와 캐퓰럿Capulet 두 가문 사이의 중재 역할mediator을 자처했으며, 매우 평화로운peaceful 관계를 지향했다. 이성적reasonable이고 조화와 화해를 추구했던 인물이다. 로미오와 줄리엣, 그리고 두 가문에 속한 젊은이들의 안타까운 죽음을 목격하고 그 이야기를 전하는 인물이기도 하다.

영어권의 이름은 직업과 관계된 것들이 많다. 널리 알려진 베이커, 스미스, 카펜터스 등은 빵 굽는 일, 대장장이, 목수 등의 직업과 관계가 있다. 셰익스피어Shakespeare가 칼잡이었다는 주장도 있다. 이름으로 보아, 그에게는 창speare을 던지는shake 사람, 곧 칼을 쓰는 것과 관련한 직업을 가진 조상이 있었을 것이다.

비록 직접 칼을 들거나 창을 던지는 폭력적인 행위와 관련이

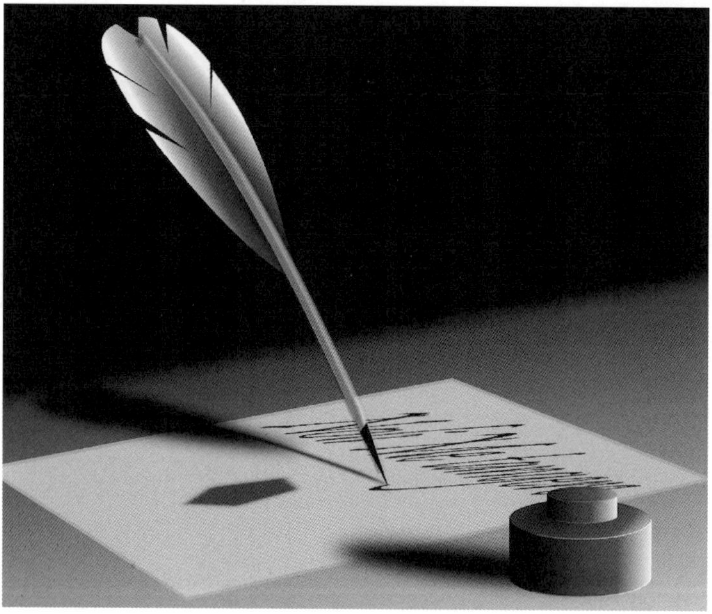

없었지만, 셰익스피어는 펜을 들었다. "펜은 칼보다 강하다The pen is mightier than the sword"는 말은 셰익스피어에게 더욱 잘 어울리는 표현이다. 스펠링은 같지만, pen은 가축을 모아 두는 울타리라는 뜻으로도 사용된다

pen은 깃털을 의미하는 프랑스어 pene에서 왔다. 굵은 깃대에 잉크를 적셔서 글을 쓰던 것으로 quill pen이라고도 한다. 아직도 뭔가를 쓴다는 것의 대표적인 아이콘에는 깃펜이 빠지지 않고 등장한다. 볼펜, 만년필 등은 19세기에 만들어졌다. 그보다 앞서, 연필은 자크 니콜라스 콘테에 의해서 1795년에 발명된다. 하지만 기록에 따르면 깃펜은 기원전 2세기경부터 사용된 것

으로 추정된다. 연필이 나오기 전까지 거의 2천 년 동안 사용된 셈이다.

오랜 시간 동안 축적된 상징성 때문인지, 역사적으로 중요한 문서 혹은 행사에는 깃펜이 등장한다. 영국의 마그나 카르타 Magna Carta나 미국독립선언문American Declaration of Independence 등도 역시 깃펜으로 작성되었다고 한다. 현재도 미국의 대법원U.S. Supreme Court에서는 회기 중에 거위 깃털로 만든 펜goose-quill pens을 20개씩 준비해 놓는다고 한다.

화려하고 값비싼 문구류가 넘쳐 나도 여전히 연필을 좋아하는 사람들은 있었다. 〈찰리와 초콜릿 공장*Charlie and the Chocolate Factory*〉을 썼던 로알드 달Roald Dahl은 아침에 글을 쓰기 전 딕슨 타이콘데로가Dixon Ticonderoga 연필 6자루를 정성스럽게 깎았다고 한다. 『분노의 포도*Grapes of Wrath*』를 썼던 존 스타인벡John Steinbeck, 〈밤으로의 긴 여로*Long Day's Journey into Night*〉의 유진 오닐 Eugene O'neill, 지휘자 레오나드 번스타인Leonard Bernstein 등은 블랙윙(Blackwing 602) 연필을 즐겨 썼다. 단순한 문구류가 예술가들의 마음을 사로잡았던 것이다. 나도 믿는다. 연필을 바꾸면 글도 달라지는 걸.

16

그 탱고에 물든 여인의 향기는 아르헨티나

탱고tango와 탄젠트tangent

탱고는 원래 아르헨티나Argentina의 부두 노동자들이 추던 춤이었다고 한다. 기원을 살펴보면 아프리카 노예들이나, 쿠바 선원, 아르헨티나의 목동들이 추던 춤들이 한데 섞여서 탄생한 춤이라고 한다. 선원들이 추던 춤으로 당시에는 더럽고, 음탕한 춤으로 비난받았는데, 부에노스아이레스의 부자집 자녀들이 몰래 배워서 유럽으로 전파되었다고 한다.

그 결과 프랑스 영국을 비롯한 유럽에서도 선풍적인 열풍을 일으키게 되면서 다시 아르헨티나의 귀족들이 뒤늦게 유럽의 열

풍에 합류하게 된 춤이다.

탱고tango라는 말은 라틴어 *tangere*에서 왔다. 가까이 가다, 만지다, 마음을 움직이다 등의 뜻이 있다. 가까이 가다라는 의미에서, 탱고는 춤추는 사람끼리 몸을 가장 밀착하는 춤이기도 하다. 만지거나, 접촉하다라는 의미에서, tango는 tangent의 의미와 관계가 있다.

tangent는 면과 면이 접촉해 있다는 뜻이다. 어원상으로는 tag-와 관계가 있는데, tag는 지금도 꼬리표처럼 어딘가에 붙이다라는 의미로 사용된다. 면과 면이 밀착되는 것과 관계가 깊다.

수학 시간에 공부했던 탄젠트tangent 역시 같은 의미라고 할 수 있다.

touch 또한 tag와 관계된 말이다. 터치하다라는 말은 이젠 거의 한국어처럼 흔히 사용된다. tangere에 마음을 움직이다라는 뜻이 있는 것처럼, tangere-tag-touch로 이어져서 touching은 감동적인, 마음이 움직이다라는 뜻을 갖게 된다. 움직임과 감동은 moving에서도 비슷하게 나타난다.

오염되는contaminate 것은 서로 다른 것이 함께com- 접촉하기tag 때문에 발생한다. 질병이 옮기도 하고, 더러운 것으로 오염되기도 한다. 접촉하다라는 의미에서 contact도 또한 tag를 갖고 있다. 어떤 것이 손대지 않은 상태 그대로 있을 때, intact라고 한다. 손대지tact 않았다in-는 뜻이다. in-은 흔한 부정접두어 중 하나다.

봉선화는 touch-me-not이다. 꽃 이름이 왜 손대지 말라는 의미가 되었는지는 현철의 노래를 들으면 알 수 있다. 손을 살짝 대기만 해도, 씨앗이 툭 튀어나오기 때문이다.

"손대면 톡 하고 터질 것만 같은 그대, 봉선화라 부르리."

〈여인의 향기*Scent of a Woman*〉는 탱고와 관계가 깊은 영화다. 영화 전반에 걸쳐 반도네온의 선율이 탱고의 리듬을 타고 흐른다. 주인공 프랭크는 퇴역 군인이다. 군에서의 사고로 시력을 잃어버린 그는, 삶에 대한 열정도 의미도 잃어버렸다.

찰리는 추수감사절 휴가 동안 그를 보살펴 주는 아르바이트를 하게 된 고등학생이다. 하지만 찰리가 보살펴 주기에 프랭크가 짊어진 삶의 무게는 지나치게 무거웠다. 그는 이미 삶을 마감하기로 마음먹었고, 결심을 실행하기 전 몇 가지의 버킷리스트를 이루기 위해 찰리는 동의하지도 않은 뉴욕을 방문하게 된다.

자신의 죽음을 결심한 프랭크는 모든 것에 거침이 없다. 두 사람은 뉴욕의 최고급 호텔 월도프 애스토리아the Waldorf Astoria에 머물면서 오크룸oak-room에서 식사를 한다. 멋진 정장 차림에 버건디색burgandy 손수건을 왼쪽 가슴주머니에 꽂고 뉴욕 최고의 에스코트escort를 만난 프랭크. 열정적인 밤을 보낸 후, 그의 우울과 침체는 급속도로 그를 삶의 절벽으로 몰아세운다.

하지만 빨간색 페라리 카브리올레로 다시 삶의 활력을 되찾은 프랭크는 찰리와 함께 찾은 식당에서 한 남자를 기다리는 도나를 만난다. 오길비 비누의 향기scent를 풍기던 그녀에게 그는 탱고를 청한다. 그리고 〈Por una Cabeza〉가 흐르는 탱고의 리듬 속에서 두 사람은 멋지게 탱고를 춘다.

군에서의 치명적인 실수로 인생을 망쳤다고 생각하는 프랭크는 탱고에 대한 애정이 있었다.

"탱고에는 실수라는 게 없지. 인생과는 달라."

"No mistakes in the tango, Donna, not like life."

하지만 프랭크는 여전히 자신의 삶을 마감하려는 계획을 실행하려 하는데, 그 순간을 눈치챈 찰리는 프랭크의 권총을 빼앗으며 필사적으로 만류한다. 자살하려던 계획이 수포로 돌아가자, 프랭크는 텅 빈 눈동자로 눈물을 흘리며 찰리에게 소리친다.

"내가 죽지 않아야 할 이유를 한 가지만 말해 봐!"

"Give me one reason not to."

찰리는 대답한다.

"탱고를 잘 추시잖아요. 그리고 제가 만난 누구보다 페라리를 잘 몰고요."

"You can dance the tango and drive Ferrari better than anyone I've ever seen."

17

파리에 알바트로스가 날면, 센강엔 바람이 불지 않는다

파리Paris와 알바트로스albatross

중앙아시아에서 발생한 인도유럽어족은 원래 유럽에 있었던 신석기시대 사람들을 쫓아내고 실질적인 유럽인의 조상이 되었다고 한다. 그중의 일부는 켈트인이었다. 그들은 기원전 1200년 무렵에 브리튼섬을 거점으로 삼았고, 기원전 800년경에는 중앙유럽으로 이주하여 철기문화를 구축했다고 한다.

기원전 600년 무렵부터 고대 그리스와 로마의 침략을 노리고 있었으므로 고대 그리스인들, 특히 역사가 헤로도토스Herodotus는 그들을 갈라타이Galatai인이라든가 켈토이Keltoi인이라 불렀는데, 여기서 '켈트'라는 이름이 붙었다. 고대 로마인은 그들을 갈리아인으로 불렀고 카이사르가 갈리아 주변을 정복할 때까지 켈트문화는 번영을 구가했다.

유럽에 남은 켈트의 흔적은 아직도 선명하다. 프랑스의 수도, 그리고 발터 벤야민Walter Benjamin이 19세기의 수도라고 불렀던 파리Paris는 그 이름에 켈트의 유산을 고스란히 담고 있다. 분명하지는 않지만, Paris라는 이름은 켈트계의 파리시parisii족이 최초로 살았던 곳으로부터 유래했다는 설이 있다.

켈트 신화의 여신 세콰나*Sequana*(유유히 흐르는 강이라는 의미)의 이름에서 센강이라는 이름이 생겼고, 켈트어의 '흐름Rei'이라는 말에서 라인Rhine강, '강'을 의미하는 켈트어 danu라는 말에서 다뉴브Donau, 도나우강이라는 말이 생겼다고 한다. 켈트는 유럽 지식의 원천이었다. 한국어로 작별, 석별의 정으로 알려진 스코틀랜드의 민요, 올드 랭 사인Auld Lang Syne은 켈트 음악이 뿌리라고 한다. 올드 랭 사인은 "옛날 옛적부터old long since"라는 뜻으로 영미권에서 새해 전후에 부르는 노래다. 할로윈Halloween도 켈트의 축제에서 비롯되었다.

사람 이름 앞에 붙는 'Mac'은 켈트어로 '~의 아들'이라는 뜻이다. 맥도널드는 도널드Donald의 아들 Mac이라는 뜻이 된다. 북유럽에서는 -son의 형태로 아들이라는 것을 표현한다. 잭슨Jackson, 존슨Johnson, 리처드슨Richardson, 앤더슨Anderson과 같은 예들이 모두 여기 해당한다.

Paris라는 이름에 얽힌 좀 더 근거 있는 이야기는 par가 배를 의미한다는 것이다. par와 소리가 유사한 barge는 실제로 배를 의미한다. 이 때문에 Paris의 의미는 배와 관계된 것으로 보기도 한다. 현재까지 사용되고 있는 파리의 문장emblem은 이런 주장을 뒷받침한다. 문장에는 "*Fluctuat nec mergitur*"라는 라틴어가 쓰여 있다. "파도가 배를 흔들어도 배는 가라앉지는 않는다"라는 의미다.

또 하나는 브르타뉴에 있던 켈트 왕국의 수도 이스Is를 동경하여, 이스와 '같다'는 의미를 새기려고 'Is'에 'par'를 붙여 이름을 만들었다고도 한다. 여기서 par는 "~과 같다"는 뜻을 갖고 있다. 비교하다라는 뜻의 compare는 같은 것pare-을 함께com- 놓고 본다는 뜻일 것이다. 어떤 차이와 불균형, 격차는 disparity라고 한다. 똑같은 것을 의미하는 parity 앞에 부정의 접두어 dis-가 붙었다.

동등한 지위에 있는 친구나 동료는 peer라고 부르는데, 역시 똑같다는 의미의 par의 변형된 표현이다. 학술논문의 심사를 동료 연구자가 하는 것은 peer review라고 한다. 동료라는 말에서 좀 더 추상하면, 짝꿍이 된다. 신발의 짝, 양말의 짝을 말할 때, pair를 쓰는 것은 그런 이유에서다.

par-가 같다의 의미로 사용되는 또 다른 예는 골프에서 찾을 수 있다. 골프에서 타수에 붙이는 명칭에는 알바트로스, 이글, 버디, 파 등이 있는데, 홀에 정해진 타수와 동일할 땐, 파par라고 한다.

신천옹으로 번역되는 알바트로스albatross는 가장 큰 새 중의 하나다. 영국 문학에서 알바트로스는 상징하는 바가 크다. 낭만주의 시인 새뮤얼 테일러 콜리지Samuel Taylor Coleridge의 『노수부의 노래*The Rime of Ancient Mariner*』에는 albatross가 등장한다. 긴 항해에 지루해진 노수부는 선박 위를 활강하던 albatross를 이유 없이 석궁crossbow으로 쏘아 죽인다. 동료 선원들도 처음에는 잠깐 재밋거리가 생긴 것처럼 동조하지만, 곧 선원들 모두는 알 수 없는 바다의 저주에 갇히게 된다.

무풍지대the doldrums. 바람이 불지 않아 꼼짝도 할 수 없는 그곳에서, 배는 마치 그림 속의 배처럼 미동도 없다. 더위와 강렬한 햇빛, 갈증으로 선원들은 자기 손목의 피를 빨아먹는다. 선원들은 노수부가 알바트로스albatross를 쏘아 죽인 것 때문에 저주에 걸렸다는 집단 히스테리에 사로잡히게 된다.

선원들의 집단적인 질책과 비난으로 노수부는 죄의 상징처럼 albatross를 목에다 걸어야 했다. 그리고 다른 모든 선원들이 자신들의 손목을 물어뜯어 피를 빨아 마시면서 말라죽어 갈 때까지, 노수부는 살아남았다. 그들은 사방이 물밖에 없는 바다 한가운데 있으면서도 마실 물 한 방울 없는 역설적인 목마름과 싸워야 했다. 콜리지가 그린 이 초현실적인 풍경은, 다른 맥락에서 매우 일상적인 현실이 되었다.

"사방이 온통 물인데,
마실 물은 한 방울도 없구나"
"water, water, everywhere,
nor any drop to drink"

18

봄날 돋아나는 싹들은 하나도 고칠 것이 없습니다

볼프강 아마데우스 모차르트Wolfgang Amadeus Mozart와 신deus의 선물

영화 〈아마데우스〉는 천재적인 모차르트와 그의 천재성을 알아본 또 다른 음악가 살리에르와의 관계를 중심으로 전개된다. 모차르트는 천재라는 명칭에 걸맞게, 한번 쓴 악보를 고치는 일이 거의 없었다고 한다.

모차르트의 천재성에 대해 질투와 경외와 시기의 복잡한 감정을 가졌던 살리에르는 모차르트의 악보를 보고, 단 하나의 음표도 고칠 수 없음을 알고는 탄식한다. 음표 하나라도 고치면 전체가 이상해질 것 같을 정도로 악보는 완벽했던 것이다. 늘 고치고, 고

치고, 또 고쳤던 또 다른 천재 베토벤과 대조되는 모습이다.

모차르트의 중간 이름middle name은 아마데우스amadeus이다. amadeus라는 말은 '신이 사랑한 자'라는 의미로 해석된다. ama-

는 amor(사랑)에서 볼 수 있듯이, 사랑하다라는 의미를 갖는다. 라틴어 *amare*의 의미는 사랑하다이다.

사랑이라는 말은 사람의 이름으로도 흔히 사용된다. 한국에서도 '사랑'이라는 이름이 있는 것처럼, 영어권에서는 Amy가 있다. 아마추어amateur라는 말의 의미는 말 그대로 예술이나, 스포츠 등의 활동을 좋아해서ama- 하는 것을 의미한다.

deus는 그리스어로 신을 의미한다. 그리스 신 제우스Zeus와 스펠링이 비슷한 것은 우연이 아닐 것 같다. 신성神性은 deity이다. 고대 그리스 희곡의 예술적 장치 중에는 데우스 엑스 마키나deus ex machina라고 하는 것이 있었다. 극중 전개가 너무 복잡해져서 더 이상 합리적인 해결책이 없을 때, 갑자기 신deus이 나타나ex는 장치machina를 이용해서 그때까지의 모든 복잡한 갈등과 관계를 일소에 해결하는 것이다. 드라마 용어이긴 하지만, 현재까지도 여전히 다양한 분야에서 비슷한 상황을 표현하기 위해 사용되고 있다.

다시 아마데우스로 돌아가 본다면, 말 그대로 신deus이 사랑한ama 사람이다. 신은 사랑하는 사람에게 비범한 재능gift을 주었다. 하지만 신의 사랑을 받은 자, 운명이 가혹하다. 그는 겨우 서른다섯 살에 생을 마감했다. 사후, 그는 무덤을 특정할 만한 표시도 없이 매장되었다.

천재적인 재능을 부여받고 태어난 사람들이 있다. 마치 하늘이 준give 선물gift을 받은 것이나 다름없다. 주다라는 의미의 give

와 gift는 동일한 어원을 공유한다. 뭔가를 주고받는 행위를 생각하면 두 단어의 관계는 자연스럽게 느껴진다.

천재는 genius라고도 한다. genius는 사람을 안내하고 보호하는 수호신을 의미하기도 한다. 태어날 때부터라는 의미가 있기 때문에 생기는 것과 관련한 gene으로부터 파생되었다. gene은 생명활동과 탄생, 생산, 발생 등의 의미로 자주 쓰이는 단어다.

generate라고 하면 발생시키다라는 뜻이 된다. 자동차에서 계속 전기를 발생하며 배터리를 충전시키는 장치는 generator이다. 발생시키다라는 의미에서 gene의 의미는 germinal에도 포함되어 있다.

germinal은 돋아나는 싹, 봉오리와 같은 식물의 싹틈을 의미한다. 눈에 보이지는 않지만, 주변의 책상, 의자, 심지어 휴대폰 표면에도 많은 세균germ이 있을 것이다. 적절한 환경이 되면 세균은 아무 데서나 자란다.

프랑스 혁명 당시의 역법은 여러모로 동양의 24절기와 비슷하다. 프랑스 혁명력French Republican Calendar은 추분점autumnal equinox을 시작으로 해서 1년을 열두 달, 각 달은 10일을 한 주로 구분했다. 한국에서 열흘을 순으로 표현하는 것과 비슷하다. 추분을 한 해의 시작으로 삼기 때문인지, 서양에서 대부분의 학기는 가을에 시작한다. 혹은 가을 추수가 끝나고 나서야 아이들이 학교에 갈 수 있었기 때문이라는 설도 있다.

혁명력에 기록된 열두 달은 그 시기의 자연현상을 그대로 이름으로 사용했다. 겨울은 눈이 내리다라는 뜻을 지닌 단어를, 여름은 날이 뜨겁다는 뜻의 단어를, 봄은 꽃이 피거나, 싹이 돋아난다는 뜻에 해당하는 단어를 그대로 사용했다. 싹이 돋아난다는 뜻의 Germinal제르미날은 3월 20일, 21일경부터 시작되는 한 달이다. 뒤이어 오는 Floreal플로리얼은 꽃이 피어나는 계절이라는 뜻이다.

프랑스 작가 에밀 졸라Emile Zola의 소설을 원작으로 한 1993년 영화 〈제르미날〉은 탄광 노동자들이 자신들의 처우와 존엄성을 위해 투쟁하는 내용을 담고 있다. 노동자들의 투쟁은 봄날의 싹처럼germinal 강인하게 돋아난다.

마르크스의 저작으로 유명한 『루이 보나파르트의 브뤼메르 18일』에서 Brumaire브뤼메르는 안개의 달을 의미한다. 10월 22, 23일 혹은 24일부터 시작하는 깊은 가을의 달이다. 역사적으로는 나폴레옹이 쿠데타를 일으킨 날로 기록되어 있고, 서기력으로는 1799년 11월 9일이다.

마르크스는 나폴레옹의 쿠데타the coup d'état of Louis-Napoléon Bonaparte가 정치경제적으로 의미하는 것을 매우 중요하게 생각했다. 마르크스의 관점에서, 쿠데타는 나폴레옹의 개인적인 능력이나 카리스마에 의한 것이 아니라, 당시의 사회경제적 힘들의 결과였다. 책에서 논의된 사회의 구조와 정치경제에 대한 통찰은 현대자본주의 사회에도 여전히 유효한 것으로 평가되고 있다.

프랑스 혁명을 전후로 해서 혁명력의 달 이름은 종종 중요한 사건의 명칭으로 사용되기도 했다. 테르미도르의 반동The Thermidorian Reaction은 프랑스 혁명 이후 로베스피에르의 공포정치에 대한 반동으로 일어난 사건이다. 테르미도르는 사람이 아니라, 사건이 벌어진 달의 이름이다. 계절로는 여름이지만, 가을부터 시작하는 혁명력으로는 11번째 달이다. thermidor테르미도르는 "여름의 열기"라는 뜻이다.

therm은 열기, 온도라는 뜻이다. 현재 이 단어는 영어의 온도계thermometer, 보온병 Thermos(브랜드 이름)에도 사용되고 있다.

19

파란색의 기적과 생명력

비타민vitamin과 비아그라Viagra

비타민vitamin과 비아그라Viagra는 필연적인 생명활동과 관계되어 있다는 점에서 공통의 어원이라고 할 수 있는 vi-를 갖고 있다. vi-는 생명을 뜻한다.

흔히, "인생은 짧고 예술은 길다Art is long, life is short"고 하는데, 원래의 라틴어 원문은 "*Ars longa, vita brevis*"이다. 인생이라는 의미로 vita가 사용되었다. 문맥에 맞게 원문을 충실하게 번역하면, "기술에는 시간이 걸리고 인생은 짧다Skillfulness takes time and life is short"는 말이다. 이 말은 고대 그리스의 의사였던 히포크라테스의 격언에서 처음 두 줄을 인용한 것이라고 한다.

vital은 생사를 가를 만큼 "중요한" 것, 생명과 관계되어 있다는 뜻의 형용사로 쓰인다. 병원에서 환자의 상태를 측정하는 모니터에 나타나는 신호를 vital sign이라고 한다. 삶이 굴곡의 연속인 것처럼, 바이탈 사인은 위아래로 굴곡을 이루고 있을 때 정상적이다. 생체신호의 의미를 넘어, 은유적인 삶을 표현하기에도 매우 적절해 보인다.

생생한 사진, 생생한 묘사를 말할 때, 영어로 vivid라고 한다. 생生을 의미하는 vi-가 연속해서 나온 것인 vivi-를 한국어로 생생生生하다라고 번역한 것은 참으로 절묘하다.

19세기 프랑스의 앙리 베르그송Henry Bergson의 철학은 생의 철학으로 알려져 있다. "모든 생명계, 인간의 삶은 진화한다. 이 진화는 내적 충동력인 엘랑 비탈Elan Vital, 곧 생명의 도약에 의해 이루어지는 창조적 진화"라는 주장을 펼쳤다고 한다. 역시 vital은 생명을 의미한다. 베르그송이 말하고 있는 생명의 도약은, 모든 생명체의 근본적인 내적 요소이며 생명의 연속성 속에서 운동하고 변화하는 창조력이다.

베르그송은 프랑스의 소설가 마르셀 프루스트Marcel Proust와 매우 가까운 사이였다. 프루스트의 남동생이 베르그송의 사촌과 결혼했으니 단지 서로를 존경하던 친구의 관계보다 훨씬 더 밀접한 관계라고 해야겠다.

프루스트는 평생의 역작으로 『잃어버린 시간을 찾아서*In*

Search of Lost Time』라는 현대심리소설을 썼는데, 내용의 상당 부분이 베르그송의 시간과 지속에 대한 철학과 관련이 있다. 단지 인척관계를 넘어서, 프루스트는 베르그송의 강연과 철학에 많은 관심과 이해를 갖고 있었다.

『잃어버린 시간을 찾아서』에 등장하는 마들렌madeleine 과자에 대한 에피소드는 꽤 널리 알려져 있다. 주인공이 마들렌 과자를 먹고 느끼는 맛을 통해 과거의 기억이 순간적으로 아주 생생하게vividly 환기되는 장면이다. 픽사Pixar의 애니메이션 〈라따뚜이Ratatouille〉에서도 악랄한 미식가가 라따뚜이ratatouille를 먹고 어머니를 기억하는 장면이 등장한다. 굳이 오마주homage라고 말할 것도 없이, 어린 시절의 맛은 늘 옛 기억을 불러일으킨다.

1995년 이와이 슌지 감독의 영화 〈러브레터〉는 프루스트의 『잃어버린 시간을 찾아서』의 내용을 상당히 잘 이해하고 표현한 것으로 알려져 있다. 덕분에 스토리 라인이 아주 섬세하고 정교하게 복잡해서 내용이 잘 기억나지 않는다.

미국의 현대 소설가 필립 로스Philip Roth의 작품을 원작으로 한 영화 〈휴먼스테인The Human Stain〉에는 늙어 가는 영문학과 교수가 등장한다. 그는 강의실에서 무심코 던진 한마디로 인종차별 발언 구설에 휘말려 거의 강제로 퇴직당하게 된다. 늙어 가는 육체와 시들어 가는 열정, 점점 무의미해지는 삶의 수렁에서 그는 비아그라를 만난다. 영화 속에서 비아그라는 젊음과, 생명력, 그리고 삶의 에너지에 대한 은유로 나타난다.

비아그라는 애초에 심장병 환자를 위한 치료제로 개발되었다. 하지만 환자들이 증상이 호전되고 난 이후에도 계속 약을 찾는 것을 이상하게 여겨 살펴보았더니, 성기능을 증진시키는 부작용 아닌 부작용이 발견되었던 것이다. 접착제를 개발하려다 실패한 것으로 포스트잇Post-it이 발명된 것처럼, 실패가 성공을 위한 발견이 된 경우다.

Viagra는 vi+agro로 구분된다. 풀이한다면, 생명vi을 기르는 땅agro과 같은 뜻이다. agro는 땅, 흙, 평야, 곡물의 생산 등을 의미한다. agriculture는 여기서 파생한 단어로 농업을 의미한다. 말 그대로 땅에서agri 기르다culture라는 뜻이다. 문화를 의미하는 단어 culture는 라틴어 *cultura*에서 유래하는데, 배양하거나 기르다cultivate라는 뜻을 갖고 있다.

농작물crop을 재배하는 데 필요한 기술을 연구하는 학문은 agronomy(농경학)라고 한다. economy라는 단어와 구성이 비슷하다. 경제학은 집eco의 규칙과 질서를 정하는 데서 유래한다. 에코라는 말은 자연이라는 말과 동의어처럼 사용되는데, 원래 그리스어로 집을 의미하는 οἶκος오이코스, oikos에서 유래했다.

물론 자연nature은 인간의 영원한 집과 같은 것이기 때문에, 에코eco를 자연으로 생각하는 것도 크게 틀린 말은 아니다. agronomy은 땅에 질서를 정한다는 뜻에서 농경, 경작, 재배 등과 관련한 학문이라고 할 수 있다. 원래 -nomy는 분배와 나누어 주는 것, 관리, 배열 등을 의미한다.

20

르네상스의 천재들이 남긴 유산

르네상스Renaissance와 매너리즘mannerism

르네상스Renaissance시대는 미켈란젤로, 레오나르도 다빈치, 마키아벨리 등 시대를 초월하는 수많은 문화예술의 천재를 탄생시켰다. 예술, 철학, 문학 등 각 분야에서 현재까지도 추월할 수 없는 천재들이었다.

르네상스는 말 그대로 그리스와 로마의 문화를 다시 재탄생하게 한다는 의미가 있다. Renaissance는 반복과 다시를 의미하는 re-와 태어난다는 뜻의 nasci가 결합된 말이다. nasci의 형태는 nascent로도 변화했다.

nascent는 어떤 것이 발생 초기에 있는 것을 의미한다. 라틴어로는 *gnasci*와 관계가 있는데, 이것은 gene와 관계가 있다. *gnasci*와 gene는 중요 자음의 위치와 소리가 비슷하다. gene은 유전자, 곧 생명의 발생을 의미한다.

보편적인 의미에서 생명의 탄생이 태어나는 것은 자연nature과 관계가 깊다. nature의 어원 natura에는 사물의 과정course of things이라는 의미도 있었다고 한다. 출생 혹은 생명과 관계가 깊은 단어는 대부분 na-로 시작한다. nature(자연), natal(출생의), navel(배꼽) 등이 해당한다. prenatal은 말 그대로 태어나기natal 전pre이므로, 선천적인, 출생 전이라는 의미가 있다.

다시 태어난다는 의미를 갖는 단어에는 Renaissance 말고도 revive, resurrect, resuscitate 등도 있다. revive는 생명vi-을 다시 부여한다는 뜻이다. 언급했듯이 vi-는 생명을 의미하여 다양한 단어에서 인간의 생명과 관련된 의미를 표현한다. vitamin, vital sign 그리고 19세기 프랑스의 철학자 앙리 베르그송에 의해 유명해진 개념인 elan vital에도 사용된다. 생의 도약이라는 말이다.

resurrect는 다시re 바르게 하다-rect라는 말이다. -rect는 직선, 바른 방향으로 이끌다라는 뜻의 reg-로부터 변형된 형태라고 할 수 있다. 직선으로 움직인다는 뜻이 있어서, 뭔가 쓰러져 있거나, 비뚤어진 것을 바르게 세우다라는 의미로도 확장되었다.

인간은 이족보행bipedalism을 하는 직립형 인간homo erectus이다. 직립erectus이라는 말은 erect에서 왔다. erect는 세우다, 높이다라는 의미를 갖고 있으며, 남성의 흥분된 신체상태는 erection이라고 한다.

바르게 세우다라는 구체적인 의미에서 뭔가가 틀린 것을 바르게 정정한다는 의미로도 사용되어 correct는 틀린 것을 수정하다라는 의미로 사용되었다. 비슷하게 고치다, 오류를 수정하다라는 의미로도 사용하는 rectify에도 동일한 rec-가 보인다. 오른쪽, 옳다, 맞다는 뜻의 right 역시 reg-의 의미와 형태가 포함되어 있다.

resuscitate는 소생시키다라는 뜻이다. -suscitate는 다시, 아래sus와 부르다citate라는 의미로 나눌 수 있다. 동서양을 막론하고 인간의 의식이 사라지는 것은 아래 방향, 지하와 관계가 깊다. 프로이트는 인간의 잠재의식subconsciousness을 의식 아래쪽sub-에 있는 것으로 보았다. 무의식unconsciousness은 수면 아래의 빙산처럼 인간의 의식 저 아래에 위치한다.

위above와 아래below는 아마도 인간이 갖고 있는 가장 보편적이고, 기장 심오하며 가장 직관적으로 쉽게 이해할 수 있는 의미 구분이라고 할 수 있다.

오컬트occultism의 기원이라는 헤르메스 트리스메기스투스Hermes Trismegistus의 에메랄드 명판에 새겨진 문구는, "하늘에서와 같이 땅에서도 그러하다As above, so below"라는 말이었다. 이 말은 다시 기독교에 영향을 주어, "하늘에서와 같이 땅에서도 이루어지게 하소서"라는 기도문의 한 구절이 된다.

동양에서 하늘과 땅은 각각, 정신과 물질을 상징하는 것으로 많이 사용된다. 간지의 체계는 하늘에 속한 천간天干과 땅에 속한 지지地支의 결합으로 구성된다. 갑을병정무기경신임계는 하늘의 요소이고, 자축인묘진사오미신유술해는 땅의 요소인 셈이다. 사람들이 천간보다 띠를 중요하게 여기는 것은 그것이 우리가 살아가는 현실과 관계가 깊기 때문일 것이다.

혼백魂魄이라는 말은 하늘로 사라지는 혼과 땅으로 매장되는 백으로 구성된 말이다. 귀신鬼神이라는 말 역시도 음陰에 해당하는 귀와, 양陽에 해당하는 신으로 만들어진 단어다. 음은 땅이고, 양은 하늘이다. 『계사전』에 하늘은 존귀하고 땅은 비卑하다고 표현되어 있다.

누군가가 의식을 잃으면 소리쳐 깨우는 것이 당연하다. citate는 recite에서 볼 수 있듯이, 소리 내어 부르는 것을 의미한다. 다시 말해 의식을 잃은 누군가를 소리쳐 불러내어 다시 깨어나게 한다는 것이다. 그런 의미에서 부활이나 재생보다 소생의 의미가 더 적절하다. 마치 지하로 침잠된 영혼을 다시 불러내는 것과 같다.

resuscitate는 의외로 일상생활 가까이에서 널리 사용되는 단어이기도 하다. 심폐소생술CPR은 심장을 의미하는 cardio, 폐를 의미하는 pulmonary, 그리고 소생을 의미하는 Resuscitation의 머리글자로 구성된 말이다.

인간 중심의 그리스 로마의 문화는 르네상스에 이르러 다시 부흥하게 된다. 천재들이 많았던 덕에, 어떤 부흥은 너무나 위대하게 부활했다. 위대한 천재들을 뒤따르는 후배들은 매너리즘을 피할 수 없었다.

매너리즘mannerism은 르네상스 미술의 방식을 계승하면서 자신만의 독특한 스타일에 따라 작품을 구현한 예술형식이라고 정의된다. 하지만 일상적으로는 새로운 것을 창출하지 못하고, 기존의 방식에 안주하는 상태를 지칭하는 말로 더 많이 사용된다. 매너리즘에 빠졌다고 하면, 새로운 것을 시도하거나 창출하지 못하고 기존의 것을 답습하는 것을 말한다.

르네상스 시기의 뛰어난 천재들은 후배들에게 있어 감히 뛰어넘기 어려운 거대한 산과 같은 존재들이었다. 미켈란젤로나 다빈치의 후배들은 아무리 열심히 노력해도 선배 예술가들의 신적인 경지를 뛰어넘을 수 없었을 것이다. 결과적으로 새로운 것을 개발하기도 쉽지 않고, 선배의 스타일을 따라가는 것이 불가능하다고 느껴졌을 것이다. 그저 자기의 스타일을 만들어서 그 범위에서 기존의 것을 추구할 수밖에 없었을 것이다. 천재들은 늘 뒤따르는 사람을 피곤하게 한다.

21

봄이 오는 캠퍼스 잔디밭엔 샴페인, 체육관엔 챔피언

캠페인campaign과 샴페인champaigne

샴페인champagne을 덜 마시자는 캠페인campaign이 대학 캠퍼스campus에서 열리고 있다면, 정말 재미있는 문장이 만들어질 것이다. 샴페인과 캠페인과 캠퍼스는 모두 동일한 어원의 계열을 지니기 때문이다.

각종 다양한 사회활동이나 선전을 캠페인campaign이라고 한다. 금연 캠페인, 출산장려 캠페인, 이웃돕기 캠페인, 재활용 캠페인 그리고 정치권에서의 선거활동 캠페인 등 현대 사회는 캠페인으로 가득하다.

campaign은 메시지를 전달하는 것을 주된 활동으로 하는데, 원래 의미는 군사적인 목적에서 유래한다. 본래 뜻은 넓은 평지, champaign에서 군사적인 작전을 개시하는 것을 의미했다. champaign의 근간이 된 말은 라틴어의 *camp*(us)이고 이것은 넓은 평야, 들판을 의미한다.

캠퍼스campus 하면 푸른 잔디와 잔잔한 호수가 있는 넓은 대학의 캠퍼스가 연상된다. 기업이나 회사들도 자신들의 사옥이나 회사를 캠퍼스라고 부른다. 구글이나 페이스북 그리고 한국의 몇몇 대기업들도 자신들의 사옥을 캠퍼스라고 부르고 있다.

기업들 간의 경쟁이 종종 전쟁war으로 비유되는 것을 생각해 보면, 원래 전쟁과 관련된 단어인 캠퍼스가 회사를 가리키는 말로 사용되는 것은 꽤 자연스럽게 여겨진다.

campus라는 단어에는 camp가 있다. 위에서 언급했듯 *camp*는 라틴어로 넓은 평지를 의미한다. 요즘은 많은 사람들이 캠핑을 즐긴다. 즐겁고 안전한 캠핑에는 무엇보다도 넓고 평평한 장소가 필요할 것이다.

이렇게 campaign과 camp는 군사활동, 전쟁과 관련된 어원을 갖고 있는 단어라고 할 수 있다. 그래서 그런지 경쟁이나 선거, 그리고 실제 전쟁에서도 여전히 캠프와 캠페인이라는 말이 사용된다. 흔히 진영이라고 표현하는 camp는 여전히 군사적인 의미가 많이 묻어나는 말이다.

프랑스어로 캠페인은 champaign이라고 쓴다. 이 말은 백포도

주를 의미하는 샴페인champagne과도 관련이 있다. 널리 알려져 있다시피 와인은 포도가 재배되는 곳이 어디인지가 중요하다.

champagne은 말 그대로 넓은 지역, 넓은 평야champaign에서 재배한 포도로 만든 와인이다. 넓고 평평한 지역을 의미하는 말 champaign 그리고 거기서 재배한 포도로 만든 와인을 의미하는 champagne이 서로 비슷하다.

프랑스의 샹파뉴 지방은 Champagne이다. 마시는 샴페인 역시 champagne으로 같은 스펠링을 쓴다. 영어로 champaign은 넓은 지역, 평야를 의미한다. 프랑스어를 받아들이면서 스펠링이 살짝 달라진 것 같다. 일리노이대학의 Urbana Champaign 역시 같은 단어를 쓰고 있다.

흔히 우리가 사용하는 챔피언champion이라는 말도 이와 관련해서 생각해 볼 만하다. 챔피언이라는 말은 캠페인, 샴페인과 관련이 있을까? 그렇다. 챔피언은 동사로는 싸우거나 경쟁에서 이기는 것을 의미하고, 동사로는 말 그대로 승자라는 의미를 갖고 있다.

프랑스어 champion은 전투를 의미한다. 이 말은 라틴어의 *campionem*캠피오넴에서 유래한다. 넓은 장소campus에서 싸우는 전사들이다.

라틴어 *campio*캠피오는 전사들, 검투사들이라는 뜻이 있다. 영화 〈글라디에이터*gladiator*〉에 등장하는 로마의 원형경기장에서 싸우던 검투사들은 *campio*라고 할 수 있다. 아직도 이탈리어로

campagnia는 군부대를 의미한다. 영어로도 company는 병사들로 구성된 단위를 의미한다.

캠페인campaign은 전쟁과 매우 밀접한 관련이 있는 말이고, 전쟁은 지형이 매우 중요하다. 앞서 언급했듯 캠프camp는 평평하고 넓은 평지를 의미하며, 여기서 재배된 와인은 샴페인champagne이라고 불렀다. 그리고 이런 전투의 승자를 챔피언champion이라고 부르게 된 것으로 보인다.

현대의 champion은 여러 스포츠 분야에 등장한다. F1, 골프, 야구, 축구, 농구 등에서 우승한 사람들은 늘 샴페인을 터뜨린다. 챔피언과 샴페인이 잘 어울리는 데는 이유가 있었다.

22

산타클로스는 나이키를 신고 굴뚝을 탄다

나이키Nike와 산타클로스Santa Claus

스포츠 브랜드 나이키Nike는 산타클로스Santa Claus와 관계가 깊다. 아마도 처음 브랜드를 만든 사람도 그 관계는 몰랐을 것이다. 크리스마스 선물로 나이키 운동화를 받는 것 이상으로 나이키는 산타클로스의 이름과 매우 밀접한 관계가 있다.

Santa Claus는 Saint Nicholas에서 유래한다. Nicholas라는 이름은 학자들과 학생들을 후원하는 성인saint의 이름이기도 하다. 그리스어로 Νικόλαο Nikholaos인데, 단어에 Nike가 보인다. 단어를 나눈다면, nike+laos 가 되겠다.

Nike는 전쟁의 승리victory를 상징하는 그리스 신화의 여신이다. 의롭고 용맹스러운 영웅들의 후견인으로 알려진 아테나 여신과 함께 나타난다.

laos는 일반 민중, 서민, 사람들을 의미한다. 현재는 lay라는 형용사로 사용된다. lay people은 성직자나 귀족이 아닌 평범한 일반 사람을 의미한다. 이전에 신분의 계층이 있었던 시절의 용법이라고 볼 수 있다. 그래서 lay people 하면 평범한 사람을 의미한다. 또 lay terms라고 하면, 전문적인 용어가 아닌 평범한 용어를 의미한다.

lay라는 말은 동사로도 사용된다. 물건을 놓다, 두다라는 의미로 사용된다. ~두다라는 동사적인 의미와 평범한, 일반이라는 형용사의 의미가 관계가 있을 거라고 추측할 수도 있을 것이다. 물건을 두는 행위는 주로 아래쪽을 향한다. 과거 신분과 계층이 있었던 시절, 평민들은 계층의 아래쪽에 위치해 있었다. 결국 평민과 아래라는 직관적 의미는 laos, lay라는 단어 속에 포함되어 있다.

니콜라스는 그래서 승리의 여신 Nike, 즉 victory의 의미와 사람들의 의미가 합쳐져, 승리하는 사람 정도의 의미라고 할 수 있을 것이다. 중세의 영어권에서 이 단어는 사람들 이름으로 아주 널리 사용되었다.

니콜라스의 다른 형태라고 할 수 있는 Nicol은 중세 초기에 널리 사용되었다. 프랑스어 스펠링은 Nicole이다.

로마 신화에서 니케Nike는 빅토리아Victoria라고도 불린다. 승리를 의미하는 victory는 여기에서 유래한다. 스포츠 브랜드로서 항상 승리를 지향하는 멋진 작명이라고 해야 할 것 같다. 게다가 크리스마스면 항상 등장하는 산타클로스와도 관계되어 있으니, 연말이 되면 나이키 매장엔 불이 꺼지지 않겠다.

나이키 회사는 초기에 일본 운동화 회사의 배급을 맡았다고 한다. 그 일본의 운동화 회사는 현재의 아식스 스포츠다.

23

프랑켄슈타인:
현대의 프로메테우스와 메리 셸리

모니터monitor와 포켓몬스터Pocket Monster

모니터monitor를 대체할 한국말이 있을까? 화면? 스크린? 명사적 의미에서는 대체할 수 있지만 모니터링이라는 동사적 의미에서는 그렇지 않은 것 같다. 모니터는 현장에 없어도 현장을 살펴볼 수 있는 기능을 제공한다. 현장을 살핀다는 의미에서 어떤 사건이나 행동의 추이를 살펴보는 것을 모니터링하다라고 한다. 지금은 한국어처럼 일상에서 널리 사용되는 것 같다.

찰리 채플린의 1936년 영화 〈모던타임즈〉에는 노동자의 화장실에까지 CCTV 모니터가 달려 있어서, 사장이 노동자의 일과 중 휴식을 감시하는 장면이 등장한다. 거의 80여 년 전의 영화인 것을 생각하면 정말 놀라운 일이 아닐 수 없다.

현대 대도시의 CCTV는 신의 눈동자처럼 개개인의 행적을 추적한다. 조지 오웰은 이미 소설 『1984』를 통해 개인의 행동과 사상이 속속들이 모니터링되는 사회를 묘사했다. 소설 속에서 누구도 반항하지 못하던 빅 브라더Big Brother의 공고한 감시체제는, 역설적으로 그것에 투쟁적으로 저항하는 메시지를 담았던 1984년 애플의 티비 광고를 통해 다시 한번 대중에게 널리 각인되었다.

monitor라는 말은 16세기 학교에서 학생들의 질서와 훈육을 담당하던 상급 학생들을 가리키는 말이었다. -or이라는 접미사는 행위의 주체인 사람을 의미한다. 상급 학생들은 다른 학생들을 감시하고 훈계하며 때로는 경고를 하기도 했었다.

mon-에는 뭔가를 보여 주는, 혹은 시각과 관련된 의미가 있다. monster는 신의 경고divine omen, 징조, 사인 등을 의미하는 monsterum이라는 단어에서 파생되었다. mon-은 뭔가를 보여 주다, 경고 혹은 훈육의 뜻으로 사람이나 신이 보여 주는 경고의 메시지와 관계가 있다.

시범을 보여 주다라는 뜻의 demonstrate에도 역시 mon-이 보인다. demonstrate에서 de-와 mon-이 합쳐져, 뭔가를 구체적으로 보여 주다라는 의미가 되었다. 그래서 시범을 보이다, 구체적으로 보여 주다라는 의미로 사용된다. de-는 접두사로 방향을 가리킬 때는 흔히 아래쪽을 의미한다. describe, descent, decrease, decline 모두 아래라는 방향과 관계가 깊다.

인간은 위와 아래에 대한 의미를 직관적으로 이해한다. 위는 정해지지 않은, 형이상학적이고 추상적인 의미와 관계가 있다. 아래는 반대라고 생각하면 된다. 뭔가가 정해진, 구체적이고, 실질적인 의미와 관계가 있다.

훈계하다라는 뜻으로 사용되는 admonish에도 mon-이 보인다. 훈계하기 위해서는 상이든 벌이든 뭔가를 보여 줘야mon- 한다. 누군가를 향해서ad- 뭔가를 보여 주다라는 의미로 해석한다.

어원적으로 monster는 신의 경고다. 경고하는 행위는 어떤 징표를 보여 주기도 한다. 환경오염이나, 인간의 오만함을 묵시론적으로 묘사하는 많은 공상과학영화에서 monster는 일종의 경고처럼 등장한다. 환경오염으로 괴물이 나타나는 것은 모두 인간의 행위에 대한 결과로 해석되는 상징이며, 동시에 오만한 과학기술에 대한 경고이기도 하다. 종교적인 맥락에서 monster라는 말은 하느님의 의지를 보여 주는 경고의 메시지로 해석되기도 한다.

영국의 낭만주의 시인 퍼시 셸리Percy Shelley의 아내이기도 했던 메리 셸리Mary Shelley는 갓 스무 살을 넘긴 1818년, 매우 선구적인 공상과학소설을 썼다. 워낙 지적인 집안에서 자라난 덕분에 메리 셸리는 어릴 때부터 유럽 최고의 지성들을 만날 수 있었다. 당시 그녀가 접했던 유럽의 과학지식은 그녀가 재미 삼아 썼

다는 소설 『프랑켄슈타인*Frankenstein, or the Modern Prometheus*』의 바탕이 된다.

소설에 등장하는 빅터 프랑켄슈타인Victor Frankenstein은 과학자이고 의사이며 소설의 주인공이기도 하다. 그는 죽은 사람들의 신체 일부를 모아서, 각각을 연결해 전기로 생명을 불어넣어 인간을 만들어 낸다. 하지만 이 피조물creature에는 이름이 없다. 그저 몬스터monster로 불릴 뿐이다.

하지만 사람들은 이 이름조차 없는 monster를 프랑켄슈타인이라고 불렀다. 괴물을 창조해 낸 박사의 이름인 "프랑켄슈타인"이 괴물의 이름이 되어 버린 것이다. 몬스터는 태어나자마자 자신의 호의가 인간에게 적의가 되어 버리는 아이러니한 상황 속에 처한다. 자신이 누구인지 알 수도 없고, 왜 태어났는지도 모르는 적대적인 현실과 직면한다.

몬스터는 자신이 인간들의 맹목적인 적의의 대상이 되었다는 사실에 괴로워하며 인간에 대한 복수와 적개심을 키운다. 마치 세상에 홀로 선 단독자처럼 고뇌하는 몬스터의 모습은 역설적으로 인간의 고뇌이기도 하고, 성큼 다가온 인공지능이 마주할 법한 고뇌이기도 하다. 소설의 원제목은 『프랑켄슈타인 혹은 현대의 프로메테우스*Frankenstein or The Modern Prometheus*』였다.

메리 셸리는 소설의 첫 장에 밀턴의 『실낙원』에서 따온 한 구절을 제사epigraphy로 넣었다.

> "창조주여,
> 제가 간청하더이까, 진흙을 빚어 저를 인간으로 만들어 달라고?
> 제가 애원하더이까, 어둠에서 저를 끌어내 달라고?"
> "Did I request thee, Maker, from my clay
> To mould me man? Did I solicit thee
> From darkness to promote me?"
>
> — John Milton, *Paradise Lost*

24

못생긴 나무가 산을 지키고, 말썽쟁이가 사회를 건강하게 한다

플라스틱plastic과 성형수술plastic surgery

20세기 초 기적의 물질처럼 인류의 문명에 많은 편리를 안겨 준 플라스틱plastic. 하지만 지금은 환경오염의 가장 큰 주범 중 하나로 손꼽힌다. 태평양 어딘가에는 플라스틱으로 만들어진 거대한 쓰레기섬이 있다는 기사도 본적이 있다.

plastic이라는 말은 그리스어로 형태를 바꿀 수 있다라는 의미를 갖고 있는 plasticos에서 유래한다. 형태를 바꿀 수 있다는 의미에서 좀 더 구체적으로는 넓게 펼치는 의미를 갖는다. pele는 펼치다, 평평하게 하다라는 뜻으로 사용된다. pl-의 형태는 종종

fl-의 형태로 나타난다.

plain은 넓게 펼쳐진 평야를 의미하고, flat은 평평하다라는 의미를 갖고 있다. 도시의 여기저기를 돌아다니는 산보객을 발터 벤야민은 만보객flaneur이라고 불렀다. 자신의 발자국을 도시 전체에 넓게 펼치듯 걸었기 때문이다.

들판field이나 평평한 바닥floor은 역시 pele-의 형태가 변화된 것으로 모두 넓고 평평한이라는 의미를 갖는다. pele-에는 뭔가를 채우다라는 뜻으로 실현되는 형태가 따로 존재한다.

사용자의 뜻대로 구부리고 비틀어서 원하는 모양을 만들 수 있기 때문에 성형하거나 주조할수 있다는 뜻으로 plastic이 사용된다. 성형수술은 plastic surgery라고 부른다. 원하는 대로 모양을 변형할 수 있기 때문일 것이다. plastic이라는 말은 물리적인 형태에 변형을 가할 수 있는 행위의 속성을 의미한다.

comply는 누군가의 뜻이나 명령을 따르는 것을 의미한다. 지휘자의 명령을 따르거나, 상사의 명령을 따르는 것을 compliance라고 한다. comply는 어떤 일을 행하거나, 동의하거나 따르다라는 뜻이 있다. 명사 형태로 compliance는 누군가의 뜻을 따른다 정도의 의미가 되겠다. ply와는 어원이 다르지만, 의미는 서로 통한다. 누군가에게 명령을 내림으로써 자기 마음대로 조종할 수 있기 때문이다.

comply는 com과 pele로 나눠서 살펴볼 수 있다. pele-에는 기본적으로 가득 채우다라는 뜻이 있다. ple-의 형태로 나타나서

양이 많다, 충분하다라는 뜻으로도 쓰인다. replenish는 부족한 것을 다시re- 채워 넣다plenish라는 뜻이다. 다시 채워 넣으면 충분해ample진다.

refill 역시도 다시 채우다라는 뜻이 있는데, fill은 가득 차 있다는 뜻의 full에서 파생된 말이다. 가득 차 있다는 뜻의 full은 pele-로부터 왔다. fill과 full이 서로 비슷하게 보이는 이유는 둘 모두 같은 pele-에 근거하기 때문이다. 충분하다라는 것과 대조적으로, deplete은 있던 것이plete 고갈de-되다라는 뜻이다.

2012년 개봉한 〈컴플라이언스*Compliance*〉라는 영화는 실제 있었던 전화사기수색사건strip search phone call scam을 바탕으로 하고 있다. 내용은 이렇다. 어느 햄버거 판매점에 한 통의 전화가 걸려 온다. 형사라고 자신을 소개한 그는 점장에게 매장 직원 중 한 사람이 절도 용의자라고 말해 준다. 그리고 현재 수사 중이니 절대 해당 직원에게는 이 사실을 말하지 말라고 한다.

다시 전화가 왔을 때, 전화기 너머의 그는 점장을 시켜서 문제의 직원을 조용히 불러내 몸을 수색하게 한다. 점장은 전화기 너머 형사의 지시를 아무런 문제제기 없이 따른다. 심지어 형사의 지시가 조금씩 합리적인 수준을 넘어서는데도, 점장은 별다른 의심 없이 형사의 말대로 직원의 몸을 수색한다.

처음에는 몸을 더듬어서 훔친 물건을 확인하더니, 나중에는 옷을 벗겨서 확인하라는 말까지도 충실하게 이행한다. 더 나아가서, 전화 속의 명령을 받은 점장은 아무런 관계없는 두 남성으로 하여금 여직원의 몸을 구석구석 수색하게 한다. 여직원 또한 그러한 수색에 저항하지 못한다.

놀라운 것은 수색을 당하는 직원 역시 점장의 그 불합리한 명령에 순순히 복종했다는 사실이다. 오직 그 전화기 너머에 얼굴도 본 적 없는 누군가가 자신을 형사 Daniels라고 밝혔다는 사실 하나만으로 말이다.

권력은 그것이 실제로건 상징으로건 간에 인간의 심리에 얼마나 막강한 영향을 행사할 수 있는지를 직접 보여 준 영화였다.

1960년대에 심리학자psychologist 스탠리 밀그램Stanley Milgram은 복종obey과 권위authority의 개념에 대한 일련의 연구를 수행한 바 있다. 실험의 목적은 인간이 권위적인 인물authority figure에 대해서 얼마나 자발적으로willingly 복종하는지를 알아보는 것이었다.

자발적 참여로 구성된 실험집단은 세 그룹으로 나뉘었는데, 학습자와 선생 그리고 실험진행자였다. 실험에 참여하는 사람들은 무작위로 학습자와 선생으로 구분되었는데, 선생 역할을 하는 사람들은 실제 실험 참여자들이었고, 학습자 역할에는 이미 사전에 고용된 배우들actors이 배정되었다.

진짜 참여자participant는 모두 선생의 역할만 하게 된 것이다. 실험은 학습자가 올바른 답을 못 하면 전기 충격을 가하고, 계속 틀릴수록 충격을 더 높이는 것이었다. 선생 역할자들은 전기충격을 받는 학습 역할자가 고통스러워하면 전기충격을 주는 것을 망설였다. 물론 고통스러워하는 학습자는 모두 연기를 하는 것이었다.

그때 실험 전체를 관장하는 진행자는 계속 진행하라고 말한다. 머뭇거리는 선생들은 결국 계속 전기충격의 수위를 높였다. 복종은 자신이 갖고 있는 이성과 도덕적 기준, 윤리적 감수성의 정도를 벗어날 때까지도 지속됐다. 마침내 선생 역할의 참가자들이 정말로 더는 못하겠다고 했을 때 비로소 실험은 중지되었다. 그때까지 최고로 올라간 전기충격은 450볼트였다고 하며, 실험 참가자의 약 65퍼센트가 이정도까지 충격을 가했다고 한다.

일반 가정에서 쓰는 메인 콘센트가 220볼트인 것을 생각하면, 충분히 높은 수치라고 할 수 있을 것이다. 밀그램의 실험은 윤리적으로 많은 비난을 받았다. 그리고 밀그램 자신도, 이렇게 높은 수치가 나올 것이라고는 전혀 예상하지 못했다고 한다.

한나 아렌트가 아이히만의 재판을 통해 추적한 악의 평범성 the banality of evil은 흔하디흔한 플라스틱만큼 가까운 곳에 있다.

25

꿈을 팩스로 보내면 현실은 시뮬레이션으로 돌아온다

팩시밀리facsimile와 가상현실simulation

아주 정확한 모방이라는 의미를 갖고 있는 팩시밀리facsimile라는 단어는 문서를 이미지 그대로 상대방의 프린터에서 출력하게 해 주는 기계의 명칭이기도 하다. 지금은 이메일과 스캔이 이 기능의 대부분을 대신하게 되었다. 팩시밀리는 한때 매우 진보적인 장치였음에도 팩시밀리는 이제 무척이나 복고적인 느낌을 주는 기계가 되었다.

facsimile는 fac과 simile로 나눠 볼 수 있다. sim-은 sem-, sin- 등 여러 형태로 나타나는데, 기본적으로 똑같은, 함께라는 뜻으로 활용된다. fac는 라틴어 *facere*에서 왔다. 기본적으로 뭔가를 만들다라는 뜻을 갖고 있다. 만들다라는 의미에서 factory(공장)라는 단어도 파생되었다. 이것은 비슷한 스펠링이 보이는 fact, face에도 공통적으로 나타난다. fact는 사실을 의미한다. 사실이란 어떤 행위가 벌어진 객관적 사태라고 할 수 있다. 사람의 얼굴face은 가장 명확한 사실이라고 할 수 있을 것이다.

simile는 문학 시간에 자주 말하는 비유법 중 직유에 해당한다. 은유metaphor와 더불어 가장 많이 쓰이는 수사법이다. 선생님은 천사 같다. 이런 표현에서 ~와 같다, 비슷하다라는 의미를 부여하는 수사법이다. 그래서 similar는 ~와 비슷하다라는 의미를 갖는다. sim-은 똑같다라는 뜻이다.

sem-의 형태로 사용되기도 한다. ~를 닮았다라는 뜻으로 사용되는 동사는 resemble이다. re + semble 형태다. semblance는 닮음, 비슷함이라는 의미로도 쓰인다. resemble을 쓸 때 주의할 것은 이것이 타동사로 사용된다는 것이다. 예를 들어 아들이 아버지를 닮았다라고 한다면 The son resembles his father가 된다. 아버지 앞에 전치사 to를 쓰지 않는다.

음악회에서 사용되는 앙상블ensemble은 여러 악기와 음악들이 함께 어우러지다라는 것을 의미한다. 함께sem- 하도록 만든다en-는 의미로 이해할 수 있다. 단순하다라는 뜻의 simple 역시 비슷하게 해석할 수 있다.

-ple은 많다라는 뜻을 갖고 있다. plenty of~라고 하면 뭔가가

아주 많이 있다는 뜻이다. 다시 채워 넣다의 replete, 자원 등이 고갈되다라는 뜻의 deplete 등에서도 ple는 어떤 것의 양적인 상태를 의미한다. simple은 말 그대로, 많이 있는ple 것들을 똑같이sim 만들다라는 의미로 해석할 수 있다. 뭔가가 단순하다는 것은 잡다한 이질적인 것들을 모두 제거하는 것과 같다. 아무리 많이 있어도 모두 똑같다면 단순한 것이다.

누구를 닮았다고 할 때, 구동사로는 look after를 생각하기 쉽다. 하지만 look after는 돌봐 주다, 살펴봐 주다의 의미이고 ~를 닮았다라고 할 때는 take after를 쓴다.

운전면허시험장 근처에는 모의운전을 할 수 있는 학원이 많다. 거기에는 기계적인 장치를 이용한 시뮬레이션 시스템이 있다. simulation은 역시 semble, simile와 같이 똑같다라는 sim-을 갖고 있다. 가상현실을 simulation이라고 한다. 현실을 아주 많이 닮은 가상의 이미지라는 말이다.

프랑스의 철학자 장 보드리야르에 의해서 유명해진 시뮬라크르simulacre 개념은 가상현실simulation에 대한 철학이라고 할 수 있다. 1999년 키아누 리브스가 주연했던 영화 〈매트릭스*The Matrix*〉는 이러한 시뮬라크르의 철학적 의미를 영화적으로 매우 깊이 있게 보여 주었다. 영화에는 보드리야르의 책이 직접 등장한다. 책의 제목은 『시뮬라시옹*Simulation*』이다.

영화 〈매트릭스〉의 기본적인 구성은 사실 오래전부터 있어왔다. 〈매트릭스〉의 핵심적인 플롯은 동서양의 가장 오래된 주제이기도 하다. 그것은 현실과 내세 혹은 지상과 천국 혹은 삶과 꿈 등의 이분법적인 세계관이다. 〈매트릭스〉는 철학적, 심리학적, 종교적, 사회학적, 경제적 관점에서 수없이 분석되었다. 그만큼 영화는 다양한 상징적 장치와 구성적 모티브를 갖고 있다. 특히 종교적 관점에서, 주인공 네오는 마치 기독교의 메시아Messiah와 같은 역할을 하는 것으로 묘사되는데, 그의 이름이 큰 힌트가 된다.

매트릭스의 세계 속에서, 네오의 이름은 앤더슨Anderson이다. 앤더슨은 Ander의 아들son이라는 뜻이다. Ander는 안드로이드android에서 보이는 것처럼 사람을 의미한다. 그래서 앤더슨은 결국 사람의 아들, 곧 성서적 맥락에서 예수와 동일시된다.

구세주 예수는 유일한 존재이다. 현실의 이름 네오 역시 이러한 유일성을 반영한다. Neo는 하나, 유일자라는 의미에서 one의 아나그램이다. 스펠링의 순서만 바꿔 놓은 것이다. 네오가 처음 등장할 때, 그의 방 번호는 101이었다. 삼위일체를 의미하는 트리니티trinity의 방은 303호로 등장한다.

현실 같은 매트릭스에서, 꿈같은 현실로 인도해 주는 인물은 모르페우스Morpheus다. 그리스 신화에서 모르페우스Morpheus는 꿈의 신이다. 영화에서는 역설적으로 가상현실의 매트릭스에서 네오를 각성시켜 현실로 데려오는 역할을 한다.

모르페우스의 계보는 매우 상징적이다. 그의 할아버지 닉스Nyx는 밤의 신이다. 그리고 그의 아버지 힙노스Hypnos는 잠의 신이고, 그리고 Morpheus 자신은 꿈의 신이다.

네오는 건전지 상태처럼 구속되어 있던 자신의 육체를 되찾는다. 쇠약해진 육체로 깨어난 그는 밝은 조명 아래에서 모피어스에게 묻는다.

"눈이 왜 이렇게 아프죠?"

"그건 네가 한 번도 사용한 적이 없기 때문이야"

"Why do my eyes hurt?"

"Because you have never used them."

26

시리얼cereal의 진심sincere은 크루아상에 있습니다

시리얼cereal과 크루아상croissant

많은 현대인들은 간단한 아침식사로 시리얼cereal을 먹는다. 최소한 광고는 그렇다고 말하는 것 같다. 여행지의 호텔에서 나오는 조식에는 대부분 다양한 시리얼이 준비되어 있다.

곡물이라는 뜻을 가진 cereal은 로마 신화에서 대지 혹은 땅을 지배하는 여신을 의미하는 케레스Ceres에서 유래한다. C로 시작하는 말은 소리가 K로 시작하기도 하고 S로 시작하기도 해서, 케레스는 종종 세레스로 읽히기도 하는 것 같다. 그리스 신화의 데메테르Demeter와 동일한 것으로 여겨진다. 케레스는 곡물과 다산, 농업과 모성을 상징하는 여신이다. 농업의 신이라고 할 수 있는 사투르누스Saturn의 딸이기도 하다.

비슷하게 데메테르는 아래를 의미하는 de와 어머니를 의미하는 meter로 구성된다. 지하의 어머니, 혹은 땅의 어머니라고도 볼 수 있다. Demeter의 이름에서, meter는 어머니를 의미하는 부분이다. 영어 단어 mother가 meter와 비슷하지만, 독일어 mutter가 더 근접하게 느껴진다.

동서양을 막론하고 위쪽 방향은 하늘을, 아래쪽 방향은 땅을 의미한다. 데메테르는 아래de-의 어머니meter라는 말이니까, 결국 땅의 어머니라는 의미가 된다. 동서양 모두 땅은 주로 어머니로 비유된다. 영어에 mother nature라는 표현이 있는 것처럼 자연은 기본적으로 땅을 바탕으로 한다.

자연스럽게 땅은 모성과 연계된다. 자연은 위대한 어머니라는 표현에는 땅의 의인화에 대한 인간의 직관이 투영되어 있다. 그리스 신화에 등장하는 대지의 여신은 가이아Gaia다. 땅을 의미하는 geo는 여기서 파생되었다. 여기서 만들어진 단어들은 모두 땅과 관계되어 있다. geology(지질학), geography(지리학), geothermal(지열)이 있다.

인간의 생존을 가능하게 하는 곡물은 모두 땅에서 자란다. Ceres는 그래서 곡물과 관계가 깊다. 곡물을 자랄 수 있게 한다는 의미에서 뭔가를 자랄 수 있게 하고, 생산할 수 있게 하고, 뭔가를 만들 수 있게 하다라는 뜻을 갖고 있다.

곡물을 의미하는 cereal에서 곡물의 여신 케레스를 찾을 수 있지만, 뭔가를 창조하다라는 뜻의 create에도 역시 ceres의 흔적이 남아 있다. 케레스의 cer-의 형태는 종종 cre-의 형태로도 나타나기 때문이다. 자라다, 커지다라는 기본 뜻은 동일하다. 그렇기 때문에, 어떤 것을 만들어 내거나 생산하고 변화시키다라는 의미를 갖고 있는 단어들과 관계가 있다.

여흥을 즐기다라는 뜻의 recreate, 변화시키다라는 뜻의 procreate 등도 모두 케레스와 관계가 있는 단어들이다. 케레스를 매개로 한다면, 모두 cereal과 관계있는 말들인 셈이다. 은행에서 이자가 붙는 것처럼 어떤 가치가 저절로 더 많이 생겨날 때 accrue라고 하는 것도 해당한다. crue-는 cer-의 변형이다.

영어로 편지를 쓸 때 마지막 인사말로 흔히 sincerely라는 말을 덧붙인다. 직역하면 진심을 담아 정도의 의미라고 할 수 있겠다. 여기서 sincere는 진실된, 순수한이라는 뜻이다. 명사 형태로 sincerity라고 할 수 있다. 그런데 이 단어 역시 Ceres와 관계가 있다.

symphony에서 보는 것처럼, 흔히 sym, sin 등의 접두어는 똑같은[same]이라는 의미를 갖는다. 그런 의미에서 sincere는 하나에서[sin-] 자라다[cere-]라는 뜻으로 이해할 수 있다. 한 뿌리에서 났으니 다른 것과 섞여 있지 않다는 뜻이다. 그런 의미에서 진심으로, 솔직한, 진실된이라는 의미로 사용된다.

뭔가를 위로 자라게[increase] 하거나 아래로 자라게[decrease] 하는 것에도 같은 어근 cre-이 포함되어 있어서 자라나고 증가하다라는 기본적인 뜻을 갖고 있다. 다만 증가하는 방향이 위라면, 더 많아지는increase 것이고, 아래라면 더 적어지는decrease 것이 되겠다.

사람들이 자주 먹는 크루아상croissant도 역시 관계가 있다. 크루아상은 버터가 포함된 둥근 페이스트리 종류의 빵인데, 모양이 초승달crescent처럼 생겼다. 프랑스어로 크루아상은 증가하다, 올라가다라는 뜻으로도 사용된다. 올라가고 증가하는 것은 초승달crescent과 무슨 관계가 있을까?

단어의 생김으로만 본다면, crescent는 자라는 달이라는 의미가 된다. 케레스에서 파생된 cre- 덕분이다. 달의 변화는 보름달이 되면 작아졌다가, 초승달에서부터는 다시금 점점 커져 간다. crescent는 그런 의미에서 자라나는 달이라는 의미가 적절해 보인다. 초승달이 표준어이지만, 여전히 초생달이라는 표현도 자주 쓰이는 것 같다. 초승이나 초생이나 마찬가지로 증가하고 오르다, 생겨나다라는 뜻의 승昇이나 생生이 사용된 것이니 매우 정확한 번역인 것 같다.

영어의 crescent는 프랑스어의 croissant크루아상에 해당하고, 이것은 크루아상 샌드위치에서 보는 것처럼 초승달 모양이다. 결국 시리얼과 크루아상이 아침 식사로 먹기에 괜찮은 조합인 것이, 이름에서부터 서로 친밀한 관계가 있었기 때문인 것이다.

27

달력과 직업과 악마의 대변인

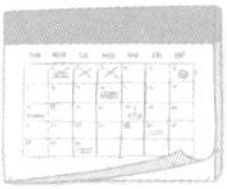

달력calendar와 세관 신고declare

달력calendar으로 인해 인간은 시간을 보다 효과적으로 이용할 수 있게 되었다. 아우구스티누스는 이렇게 말한 적 있다. “시간이 무엇인지 잘 알지만, 누군가가 내게 시간이 무엇이냐고 묻는다면 그것은 대답하기 어렵다”

calendar는 시간을 기록하는 역법을 의미한다. 동서양을 막론하고 시간의 측정은 태양과 달을 관측하면서 이루어진다. 천체상 태양의 위치를 중심으로 만들어진 역법이 양력solar calendar이라면, 달이 차고 기우는 것을 기준으로 만들어진 것은 음력lunar calendar이다.

현대 한국의 달력은 정확하게 말하자면 태양태음력이라고 할 수 있다. 대부분의 달력에는 양력 날짜 아래에 음력이 병기되어 있다. 태음력은 달이 지구 주위를 한 바퀴 도는 것을 한 달로 삼아서, 이것을 열두 번 반복하면 1년으로 간주한다.

지금도 그런 것처럼 고대인들에게 달은 매우 신비로운 현상이자 존재였다. 특히 달은 그 모습이 시간에 따라 다르게 보임으로써 천문학적인 지식이 부족했던 고대인들에겐 매우 주술적인 숭배의 대상이기도 했다.

calendar라는 말에는 달에 대한 주술적 숭배의 흔적이 남아 있다. 고대의 신관은 초승달의 출현을, 나팔을 불어 알리는 일을 맡아서 했었다고 한다(나가다 히사시 지음, 『역과 점의 과학』, 심우성 옮김, 동문선, 1992, 48쪽). 달이 모습을 나타내는 시간에 맞춰 "달이 떠오른다"라고 외치는call 것이 신관의 중요한 일이었다. 라틴어로 불러 모으다라는 뜻의 단어는 *calo*칼로라고 한다.

로마에서는 초하루를 *calendae*카렌다에라고 불렀는데, 이는 "달을 부르는 날"이라는 의미를 갖고 있다. 부르다라는 뜻은 영어의 call이라는 단어와도 관계가 있어 보인다. 결국 calendar는 달의 신령스럽고, 신비스러운 천문학적 운동에 대한 주술적인 숭배에서 비롯된 말이라고 할 수 있겠다.

선언하다, 공표하다라는 뜻의 declare에도 흔적이 남아 있다. 해외 여행을 마치고 입국할 때, 세관에서는 종종 이렇게 질문한다. "Do you have anything to delcare?(세관에 신고할 물건이 있습니까?)" 당연히 신고할 것은 신고하는 게 마음 편할 것이다.

직업job을 의미하는 말에는 calling도 있다. calling은 종종 소명이라는 뜻으로 자주 해석된다. 일종의 직업이지만, 자신에게 주어진 역할이라는 생각이 바탕이 된, 일종의 사명감이 바탕이 된 직업이라고 볼 수 있다.

직업은 자신의 천성적인 임무라고 할 수 있다. 소명이라고 할 때처럼, 누군가가 자신을 부른다는 생각으로부터 만들어진 말이다. 그래서 직업은 vocation이라고도 말할 수 있다. vocation은 voice(목소리)와 관계가 있다. 소리로 부르는vocal 것이기 때문이다. 입으로 부르는 소리는 말speak이다. 그래서 인간이 말할 때 사용하는 단어를 의미하는 vocabulary도 역시 voice와 관계된다.

소명 혹은 직업을 vocation이라고 한다면, 부업은 avocation이라고 한다. 본래의 직업vocation에서 떨어져a- 있다는 의미로 해석할 수 있을 것이다. 요즘은 많은 사람들이 두 가지 직업을 갖기도 한다. 한 가지 직업을 꾸준히 하기도 쉽지 않은 마당에 부업까지 할 수 있는 것은 정말 부지런한 일이지만, 재능이나 운 없이는 어려운 일이다.

김소월의 시, 「초혼」의 영어 번역은 보통 「Evocation」이다. 밖으로e- 불러내는 소리vocation라는 의미로 이해하면 적당할 것 같다. evoke는 동사로 사용되면, 어떤 개념이나 생각을 환기하다라는 의미가 있다. 비슷한 형태로 사용되는 provoke에는 자극하다,

화를 내게 하다, 도발하다라는 뜻이 있다. 자극을 주어서 voke를 앞으로 꺼내게pro- 하다라는 의미라고 할 수 있겠다. 명사로는 provocation으로 쓴다.

advocate는 어떤 주장에 대해서 옹호하다라는 뜻으로, 누군가를 대변하다라는 뜻으로도 사용된다. 누군가를 향해ad- 목소리를 내는vocate 일이기 때문이다. 1997년 키아누 리브스와 알 파치노가 주연했던 영화 〈Devil's Advocate〉는 뉴욕의 로펌의 대표로 육화된 진짜 악마에 관한 초자연적인 스릴러다. 영화 제목에 등장한 악마Devil는 영화에서 진짜 악마를 의미하는 말로 사용되었다.

〈Devil's Advocate〉은 다수를 차지한 주류를 향해 의도적으로 비판과 반론을 제기한다. 본래 가톨릭 교회에서 사용하던 말이다. 가톨릭 교회는 누군가를 성인으로 인정하는 시성을 심의할 때, 후보자가 될 사람의 문제점이나 의심스러운 점을 집요하게 지적하곤 했다. 이 역할을 하는 사람을 악마의 대변인이라고 불렀다. 이 제도는 1983년 폐지되었다고 한다.

28

아마존으로 쏜 화살은 돌아오지 않습니다, 맘마미아!

아마존Amazon과 〈맘마미아Mamma mia!〉

아마존Amazon이라는 거대 기업이 나타나기 전에, 아마존이라는 이름은 지구상 가장 넓은 열대우림 지대를 연상하게 하는 지리적인 명칭이었다. 지구의 허파라고 불리는 아마존 정글은 원시적이고 어마어마한 규모의 숲 때문에 흔히 인류의 문명이 닿지 않은 원초적인 장소로 인식되었다.

아마존에는 아마조네스amazones라고 하는 여전사들이 살고 있다는 전설이 있다. 흔히 아마존 여전사라고 하면 활을 들고 있는 전투적으로 강인한 여성의 모습이 떠오를 것이다. 그만큼 아마존 여전사는 일종의 문화적 아이콘처럼 대중화되기도 했다.

아마존이라는 말은 이 활을 든 여전사의 신체적인 특징과 관계가 있다. 정확한 근거가 있는 설은 아니지만, amazon이라는 말은 a+mazos- 로 구분해 볼 수 있다고 한다. 앞의 a는 부정을 의미하는 접두사이고, 뒤의 mazos-는 여성의 가슴을 의미한다. 포유류mammal는 흔히 젖먹이 동물이라고 한다. 가슴ma-이라는 단어는 mammal에 공통적으로 보인다.

그래서 amazon이라는 말은 가슴mazon이 없다a라는 의미가 된다. 아마존의 여전사들은 활을 더 잘 쏘기 위해서 시위를 당길 때 가슴이 방해가 되지 않게 하려고 신체의 일부를 불로 지지거나 잘라 냈다고 한다. 하지만 기원에 관해서는 어원 관련 자료에 명확한 출처 없이 단순히 민간 어원folk etymology이라고만 나와 있는 것을 보면, 어느 정도 상상력이 개입한 어원일 거라는 생각이 든다.

아마도 모성과 엄마 그리고 양육과 관련해서 수많은 언어에 공통적으로 나타나는 소리가 있다면 그것은 아마도 m일 것이다. 이것은 가슴을 의미하는 mazon, mother, mom, 독일어에서는 mutter, 한국어의 엄마에도 등장한다.

아이에게 음식을 먹일 때 흔히 말하는 맘마mamma라는 단어는 라틴어의 *mamma*, 페르시아어의 mama, 러시아어에서의 mama와도 비슷하다. 단순한 우연은 아닐 것이다. 포유류는 mammal이다. 병원에서 여성의 가슴을 촬영하는 것을 mammography라고 한다.

한국어에서 깜짝 놀랄 때 쓰는 대표적인 표현은 어머나일 것이다. 어머나라는 단어는 어머니, 엄마mother와 비슷하다. 사실 '어머나'라는 단어를 쓸 때, '엄마야'를 외치는 경우도 많다. 깜짝 놀랄 때 외치는 어머나는 엄마, 어머니와 직접적인 관계가 있을 것이다.

〈맘마미아Mamma mia!〉라는 뮤지컬이 있었다. 이것은 후에 동명의 영화로 만들어지기도 했다. 70년대를 풍미했던 스웨덴의 팝 그룹 아바ABBA의 노래를 바탕으로 한 뮤지컬이다. 'mamma mia!'는 이탈리아어의 감탄사인데, 한국의 '어머나' 정도의 의미로 통한다. 맘마미아mamma mia는 영어로 직역하면 my mother이다. 하지만 그런 상황에서 통상 사용하는 영어 표현은 'Oh, my god' 정도에 해당할 것이다. 영어권에서는 엄마보다 신god이 더 가까운 편인가?

영어에서 my mother이라는 표현이 감탄 형식으로 표현되는 경우는 없는 것 같다. 깜짝 놀라는 상황에서 이탈리아나 한국이 공통적으로 엄마를 찾는 것이 흥미롭다. 서양에서 가장 신성한 어머니로 칭송받는 사람은 마리아Mary 아닐까. 역시 비슷한 ma-가 포함된 것이 단순한 우연은 아닐 것 같다.

생각해 보면 아마존 배송의 화살표 로고는 아마존 여전사들이 쏘던 화살에서 힌트를 얻은 것은 아닐까 하는 생각이 든다. 화살처럼 정확하고 빠르게 배송하다라는 의미를 부여해 본다면 업무의 취지에 딱 어울리는 로고이기도 하다. 물론 우주개발을 위해 로켓을 쏘아 올리고 있는 현재의 비즈니스 상황과도 잘 어울리는 로고라고 할 수 있겠다.

아마존 회사는 처음 생겼을 때는 아마존이 아니었다. 제프 베이조스는 1994년 워싱턴에서 인터넷 서점을 설립했는데, 그때 이름은 Cadabra였다고 한다. 서양에서 흔히 마술을 할 때 중얼거리는 주문 아브라카다브라abracadabra에서 따온 것이었는데, 이름을 바꾸게 된 계기가 재미있다.

회사 직원이 Cadabra를 전화로 말하면 고객들이 자꾸 해부용 시체를 의미하는 cadaver로 오해해서 아마존으로 바꾸게 되었다고 한다. 결국 이렇게 바뀐 이름으로 세계 최고의 기업이 되었다. 정말 훌륭한 개명이 아니었나 싶다.

그럼 누가 처음 아마존이라는 이름을 생각해 냈던 걸까? 아마 존이라고 답한다면 정말 훌륭한 유머감각이 있다고 할 수 있겠다.

29

반가운 표정은 금빛으로 빛납니다

문법grammar과 마법magic

현대문명은 주술이나 미신superstition, 마술magic이나 마법sorcery과 같은 과학 이전의 자연에 대한 지식 체계를 비합리적이고 전근대적이며 반이성적인 것으로 간주하는 경향이 있다. 하지만 근대과학을 열었던 갈릴레이나 뉴턴 역시 전근대적인 과학을 토대로 연구했던 과학자들이다. 갈릴레이는 천문학을 연구했지만 동시에 점성술사astrologist이기도 했었고, 근대과학의 아버지 뉴턴 역시 연금술alchemy에 상당한 애착을 갖고 있었다고 한다.

현대의 과학 이전에 세상을 파악하고 분석하며, 세상에 맞서 자신의 운명을 이해하기 위해 사용된 세계관은 지금의 관점에서 볼 때 비과학적인 것일 수 있다. 하지만 비과학적이라고 해서 무조건 비난받을 일은 아니다. 과학적인 것도 충분히 오류가 있을 수 있다. 20세기 초, 인류의 역사는 충분히 과학적이고 객관적이고 합리적인 이성이 얼마나 치명적일 수 있는지를 보여 준 바 있다.

전근대적 마법의 세계에서 주문spell은 필수적이다. 현대도 마찬가지이다. 현대의 주문은 아이디와 패스워드, 브랜드와 로고로 등장할 뿐이다. 주문이나 부적charm은 대부분 언어의 형태로 나타난다.

서양에서 가장 유명한 주문은 아브라카다브라abracadabra일 것이다. 이 주문은 고대 아람어에서 유래한 것으로 추정된다고 한다. 이 주문은 '나는 내가 말하는 대로 창조한다'는 의미를 갖고 있다고 한다. 자료에 따르면 이 주문은 3세기에 말라리아malaria를 퇴치하는 주문으로 처음 등장했다(크리스토퍼 델 지음 『오컬트, 마술과 마법』 장성주 옮김. 시공사, 2021).

이름name은 가장 짧은 주문이다. 이름에 뜻을 담아서 그렇게 불러 주면, 이름의 주인의 인생이 정말 그 의미를 닮아 갈 것이라고 믿기 때문이다. 동서양을 막론하고 이름이 갖고 있는 주술성은 대체적으로 인정되고 있다. 주변에서 이름대로 살아가는 사람들을 심심치 않게 볼 수 있다. 영어권에서도 마찬가지이다. 미국의 합참의장 마크 밀리Mark Mili의 이름도 흥미롭다. Mili라는 성은 군대military를 연상하게 한다.

미국에서 이루어진 한 연구에 의하면, 사람들의 삶의 행로는 이름이 어떤 알파벳으로 시작하는지와도 관련성이 있는 것으로 밝혀졌다. A, B, C, D로 시작하는 사람들의 이름을 추적했는데, 전반적으로 D로 시작하는 이름을 쓰는 사람들은 A로 시작하는 이름을 쓰는 사람들보다 직업이나, 수명에서 유의미한 차이를 보여 주었다. 알파벳의 순서에 삶의 우열와 계급, 순서를 연결하는 직관이 있기 때문일 것이다.

아이의 이름을 짓는 것은 그래서 중요한 일이다. 성인이 되고 난 후 자신의 이름을 개명하는 사람들도 늘어나고 있다. 한 해 평균 15만 명 이상이 개명을 신청한다고 한다. 한국에서 사용하는 성의 종류는 얼마나 될까? 통계에 따르면 약 330여 개 정도의 성이 존재한다. 그중 100여 개의 성이 전체 99퍼센트를 차지하고, 나머지 160개의 성이 차지하는 비율은 1퍼센트도 채 안 된다고 한다.

가까운 중국에는 약 2,600개의 성씨가 존재한다고 한다. 일본은 그보다 훨씬 더 많다. 일본에서 사용하는 성씨의 수는 18만 개라고 하는데, 통계마다 편차가 좀 있는 듯하다.

영어의 성family name은 그 사람이 하는 일에 따라 생겨났다는 역사가 있기 때문에, 어떤 의미에서 이름은 그 사람의 운명과 같다는 전통은 생각보다 훨씬 더 우리에게 가깝다. 영어에서 흔히 쓰이는 성family name인 Carpenter, Baker, Smith 등을 생각해 본다면 이름이 운명에 영향을 주거나 운명이 이름에 영향을 준다는 사실을 쉽게 확인할 수 있다. 한국에서도 종종 누군가를 부를때, 그 사람의 직업 혹은 그의 일에 대한 명칭을 사용하는 것은 매우 자연스러워 보인다.

주문은 매우 다양하게 사용된다. 과거 이러한 주문을 담아 놓은 것을 glammoire라고 불렀다. 어원적으로 grammar와 같은 말이다. 문법은 언어의 규칙이다. 마법의 주문은 언어의 형식으로 나타나기 때문에 주문에도 일종의 규칙이 있었을 것이다.

주술적인 공포를 다루고 있는 영화에 자주 등장하는 별 모양이나 수상한 기하학적인 모양도 문법과 관계가 있다. gram-은 문자를 의미하기도 하는데, 주문에서 사용되는 문자는 때로 그림처럼 보이기도 한다. 수학에서 사용하는 기하학적인 그림은 다이어그램diagram 혹은 사람의 성격 유형을 파악하는 기법은 에니어그램enneagram이라고 한다. 아홉ennea- 개의 점gram이라는 뜻이다.

grammar라는 말은 단순히 언어의 규칙뿐만 아니라, 학습과 배움의 일반적인 것을 포함하기도 했다. 서양에서 초등학교를 grammar school 혹은 gramary라고 부르는 데에는 가장 기본적인 규칙을 배운다는 의미도 있었을 것이다. 이러한 규칙들에는 점성술 혹은 별자리와 관련한 지식들도 포함되어 있었다. 별자리와 관련한 점성술적인 규칙이라는 의미로 인해 오컬트적인 지식이라는 의미가 부여되었고, 이후 grammar는 glamour라는 말로

진화하게 된다.

grammar는 점점 glamour의 형태로 파생되면서, glamour의 의미에 마법과 같은 신비주의적인 의미가 포함되게 된 것이다. 매력은 정말 신비로운 힘이다. 이성이나 논리로는 설명하기 힘들다.

밤하늘에 빛나는 별자리constellation처럼, glamour는 일차적인 의미가 빛나는 것과 관계가 있다. 흔히 glamour라고 하면 매력적인 여성을 의미하는 것으로만 알려져 있는데, 최근에는 남녀를 구분하지 않고 빛나는 매력을 glamour라고 부른다. 운동선수, 정치가, 작가, 예술가를 막론하고 성별 구분 없이 대중에게 어필하는 매력을 통칭해서 glamour라고 하는 것 같다.

glamour에 대해서 좀 더 말해 보자. 최근 버지니아 포스트렐Virginia Postrel의 연구에 따르면, glamour는 "언어를 통하지 않고 이미지와 개념, 상징을 통해 작용하고 설득한다는 점에서 비언어적 수사학"이라고 설명한다. 특히 현대 세계는 그 어느 때보다 시각적인 정보가 중요한 역할을 하는 시대이다. 그런 만큼 시각적인 이미지와 욕망이 연관되어 발동하는 glamour라는 매력은 거부하기 힘든 매력이다.

특히 영어 스펠링이 -our의 형태로 끝나는데, 이것은 미국식 영어에서 대부분 -or로 바뀌는 것과 대조적이다. 실제로 영국식 영어에서의 labour, colour 등은 미국식 영어에서 모두 labor, color로 스펠링이 바뀌어서 사용되지만, 글래머의 경우는 glamour의 스펠링이 그대로 사용된다. 마치 단어 자체가 갖고 있는 이국적인 느낌을 강조하고 있는 것처럼 말이다.

이국적인exotic 느낌은 곧 환상적인 이미지를 만들어 내는 것으로 이어진다. 글래머를 뽐내는 사람들에 대한 느낌을 생각해 보면 쉽게 이해할 수 있을 것이다. 이런 면에서 버지니아 포스트렐은 아주 매력적인 수사로 glamour를 정의 내린다. 바로 "머리로는 거짓이라는 걸 알면서도 가슴으로는 진실이라고 느끼게 만드는" 환상이라는 것이다(버지니아 포스트렐 지음, 『글래머의 힘』, 이순희 옮김, 열린책들, 2013).

사회문화적인 측면에서 시사적인 의미를 갖고 있는 단어이지만, 어원을 거슬러 올라가면, 일종의 마법의 힘을 의미한다는 기원을 갖고 있다. 바로 실제 존재하지 않는 사물이 눈에 보이도록 만드는 주술적인 힘을 의미하는 것이다.

19세기에 glamour는 사용 범위가 넓어지면서, 진짜 마법과는 관계없는 개념으로까지 확장된다. 그래서 단순히 사물을 현실보다 좋게 보이게 하는 힘으로 사용되었다. 어쨌거나 glamour라는 단어는 결국 일종의 마법의 빛처럼 그것을 갖고 있는 사람 혹은 사물이 일종의 아우라aura를 발산하게 하는 매력이라고 할 수 있다.

빛, 광선을 의미하는 gleam 혹은 희미한 불빛을 의미하는 glimmer도 역시 관계있는 말이다. 마법사의 주문을 말하는 glammoire는 바로 이 빛나다라는 의미의 glamour와 직접적인 관계가 있다. 빛나다라는 뜻에서 glamour는 빈짝이는 빛과 관련한 단어들을 생각나게 한다. glitter(반짝이다), glass(유리) 등의 단어가 대표적이다. 특히 독일어 계통에서 파생된 gl-은 뭔가가 빛나고 반짝이는 것을 의미한다.

이쯤 되면 glass와 gold의 발음과 스펠링이 유사한 이유도 알게 된다. 사람을 만났을 때, 반가운 마음은 빛이 난다. glad(반갑다)라는 말 역시 빛나는 것을 의미하는 동일한 어원을 갖고 있다.

30

마술적 기술과 인공지능의 영혼

마법magic과 기계machine

기술을 뜻하는 테크놀로지technology의 그리스 어원인 테크네techne-는 기술, 재주라는 뜻을 갖고 있다. techne-의 핵심인 텍스teks는 직물을 짜는, 제조하다fabricate라는 뜻이 있다. 문학이나 영화에서 자주 사용하는 텍스트text라는 말은 원래 직물을 의미하는 말이었다. 건축을 의미하는 architect에도 역시 기술이라는 말이 보인다.

이에 반해 마법magic은 일종의 초현실적인 기술이다. magic은 magike라는 단어에서 기원하는데, 이것은 자연에 숨겨진, 초자연적인 힘을 의미한다. 여기서 힘을 의미하는 magh-라는 어원이 나타난다. magh-는 능력과 힘을 갖추고 있음을 나타내는 어원이다. 마법사magician에게는 평범한 사람들이 알 수 없는 특별한 힘이 있다.

magh-에는 또한 환영, 환상의 의미도 포함되어 있다. 같은 어원에 유래를 두고 있는 고대 인도의 베단타학파의 단어인 마야maya는 환영幻影과 허위虛僞에 충만한 물질계 또는 그것을 주는 여신의 초자연인 힘을 지칭한다고 한다. magh-는 종종 meg(mag)-의 형태로 나타나면서 거대함, 위대함을 의미하기도 한다.

마그누스magnus는 위대하다great라는 뜻을 갖고 있다. 1215년 영국에서 국왕과 시민들 사이에 맺어진 일종의 규약이라고 할 수 있는 마그나 카르타Magna Carta(대헌장)는 그것 자체로 민주주의의 초석을 놓은 것으로 평가된다.

위대한 속성은 곧 물리적인 규모의 거대함으로도 나타난다. 눈에 보이는 것을 더 크게 확대한다는 의미로 magnify가 사용된다. 말 그대로 더 크게mag- 만들다-fy라는 뜻이다. 어떤 행동이 위대하고, 영광스러울 때 magnificent라는 말을 사용하는데, 역시 뭔가를 크고 웅장하게 만든다는 의미를 포함한다.

율 브리너가 주연했던 서부영화의 고전, 〈황야의 7인〉은 원제가 〈The Magnificent Seven〉이었다. 어떤 일의 위대한 장인을 지칭하는 maestro, 중요하다는 의미의 major, 최대치를 의미하는

maximum 등도 모두 meg-의 어원과 관계가 있는 말들이다.

인도의 성자, 마하트마 간디Mahatma Ghandi의 이름에도 사용되어, 간디가 얼마나 위대한 인물이었는지를 짐작하게 한다. magh-가 힘을 갖고 있다는 의미로부터 기계machine라는 단어도 등장하게 된다. 기계는 인간을 대신하여 힘을 만들어 내는 장치라고 할 수 있다. 마키나machina라는 형태로 사용되어 장치, 기계라는 의미로도 사용되지만, 원래 의미는 힘과 관계가 있는 것이다.

〈엑스마키나*ex-machina*〉는 인공지능과 인간의 차이에 대해서 생각하게 하는 영화라고 할 수 있다. 인공지능의 성능이 어느 정도인지를 검증하기 위해 케일럽이라는 이름의 유능한 프로그래머가 파견된다. 하지만 케일럽은 인공지능을 검증하기 위해 인공지능을 탑재한 안드로이드 에바와 대화를 나누면서, 점점 자신의 존재를 의심하게 된다. 인공지능을 검증하려는 인간이 오히려 자신이 인공지능으로 만들어진 존재가 아닐까 하는 의심에 휩싸이게 된 것이다.

에바와 대화를 나누고 돌아온 어느 날, 케일럽은 자신이 인공지능에게 던진 모든 질문이 고스란히 자신에게도 던져질 수 있는 것임을 깨닫는다. 자신을 인간이라고 생각하는 에바처럼 케일럽은 어쩌면 자신도 스스로 인간이라고 생각하는 안드로이드가 아닐까 하는 의심에 사로잡힌다. 케일럽은 결국 자신의 팔을 자해하면서 자신의 육신이 인간의 육체인 것을 확인한다.

인공지능은 생각보다 훨씬 더 인간과 가깝다. 혹은 반대일 수 있다. 인간은 생각보다 훨씬 더 인공지능과 가까운 존재일 수 있다. 기술의 발전으로 점점 더 인간과 닮은 기계를 만들어 내고 있지만, 애초에 인간은 그만큼 기계와 닮았기 때문일 수 있는 것이다.

눈부신 과학의 세례를 받은 이래로, 과학문명은 많은 신비주의의 베일을 걷어 냈다. 수천 년간 지속되던 주술과 미신과 비의의 지식은 고작 200-300년의 역사를 가진 과학에 의해서 탈신비화라는 명목으로 철저하게 유린되었다.

그럼에도 불구하고 가장 마지막까지 신화적인 영역으로 남겨져 있을 법한 것은 바로 인간 자신이다. 그런데 인공지능의 발달로 인해, 드디어 인간에게만 고유한 것으로 여겨지던 것들이 그 신비의 영역에서 벗어나게 되었다. 한때 숭고한 것으로 여겨지던 사랑도 종종 호르몬의 교란에 불과한 것이 되어 버렸다는 표

현은 영화나 드라마의 단골 대사가 되었다.

지적인 능력이나 공감능력, 감정과 예술성은 이제 더 이상 인간에게만 해당되는 특수한 영역이 아닌 것으로 밝혀지고 있다. 사실 그것은 인공지능이 발달하기 전에도 인간에게만 해당되는 특수한 영역이라고 말하기 어려울 정도로 그러한 능력의 개인간의 편차는 매우 극단적이었다. 그럼에도 불구하고 인간이 갖고 있는 추상적이고 신비스러운 관념에 대해 절대적으로 보편적인 합의를 도출해 낼 수 있었던 것은, 과학과 교육의 힘이었다고 할 수 있을 것이다.

영화에서 machina는 인공지능을 의미한다. mag의 어원을 찾다 보면 magh-ana의 형태에서도 mag이 등장하는 것을 볼 수 있는데, 역시 의미는 어떤 행위를 수행할 수 있는 능력을 의미한다.

그런 의미에서 천수경에 등장하는 진언인 '수리수리 마하수리 수수리 사바하sri sri maha sri su sri svaha'에서 온, 수리수리 마하수리修理修理 摩訶修理와, 대승 불교에서의 대승大乘: Mahāyāna, 마하반야바라밀다심경摩訶般若波羅蜜多心經 등에 등장하는 Magh-ana는 주문을 실현한다는 의미에서 불교의 거대함, 위대함과도 뜻이 통한다고 할 수 있을 것이다.

크리스마스에 등장하는 동방박사는 영어로 Magi라고 한다. 오 헨리의 단편소설 중에 가난한 두 남녀의 사랑을 그린 아름다운 작품이 있었다. 가난한 두 남녀가 서로에게 크리스마스 선물을 주고받는다. 남자는 여자의 아름답고 긴 머리를 위한 멋진 빗을, 여자는 남자의 회중시계에 어울리는 멋진 시곗줄을 선물로 준비했던 것이다.

하지만 여자는 자신의 아름답고 긴 머리를 잘라서 시곗줄을 샀던 것이고, 남자는 자신의 회중시계를 팔아서 여자를 위한 빗을 산 것이었다. 이 작품의 제목은 「크리스마스 선물」로 번역되었지만, 원래 영어제목은 「The Gift of Magi」이다. 옛날에는 조로아스터교의 추종자들을 magi라고 불렀다고 한다. 일종의 비밀스러운 신비와 지식이 연관되어 magic의 의미와 관련을 맺게 되었을 것이다.

〈에반게리온*Evangelion*〉에 등장하는 고성능 컴퓨터 시스템도 마기MAGI라는 이름을 갖고 있었다. 일본 애니메이션은 드라마도 탄탄하지만, 인물들의 이름을 짓는 데 있어서도 정말 감탄스러울 때가 많다. 마기는 크게 중요한 세 부분으로 구성되어 있는데, 동방박사 세 사람의 이름을 따서 각각 멜키오르Melchior, 발타자르Balthasar 그리고 카스파르Caspar라고 불렀다.

육중한 기계 장치 속에 고도의 정신적 기능을 수행하는 지능이 설치되어 있는 원형적 이미지는 무엇보다도 오시이 마모루의 〈공각기동대*Ghost in the Shell*〉에서 이미 감탄스럽게 구현된 바 있다.

31

식물과 행성과 펑크 난 타이어

식물plant과 행성planet

자동차에 펑크가 났다는 영어 표현은, "I have a flat tire" 혹은 "I got a puncture"라고 한다. flat은 평평하다, 납작하다라는 뜻을 지녔다. 구멍으로 바람이 빠져나가면 타이어는 지면에 납작하게flat 눌리기 때문이다. puncture는 말 그대로 구멍이 뚫린 것을 의미한다.

평평하다라는 뜻의 flat은 식물과 관계가 있는 말이다. 식물은 plant라고 하는데, 어원적으로 식물이 땅을 밟고 자라는 것과 관계가 있다. fla-와 pla-의 형태가 비슷하다. 식물을 뜻하는 plant

의 어원이 되는 plantare는 땅을 발로 밟거나 혹은 땅을 평평하게 하다라는 뜻이 있다. 이 말은 사람의 발바닥 안쪽을 가리키는 planta라는 말에서 왔다. 그래서 plat은 수평으로 평평하게 펴지는 것과 관계된 의미에서 사용된다.

그래서 plat과 flat은 가까운 관계에 있다. p와 f는 지역이나 민족에 따라서 같은 소리로 실현되기도 한다. 그런데 어원적으로도 비교적 가까운 관계에 있었다고 봐야 할 것 같다. plantare라는 말이 땅과 인간의 발 그리고 발로 걸어가는 움직임과 관계가 있다는 것을 생각해 볼 때, planet이라는 말과도 관계가 있음을 추측해 볼 수 있다. planet는 행성이다. 말 그대로 움직이는 별이라는 말이다.

어원으로 planet은 plantare와 관계가 있다. 둘 모두 평평함과 움직임이라는 plat을 공유한다. 行(다닐 행) 자를 쓰는 것은 아마도 어원적으로 이러한 의미를 충분히 잘 이해한 결과가 아닐까 싶다.

높은 지역의 넓은 지역, 이른바 고원은 영어로 plateau라고 한다. 단어의 소리가 그리스의 철학자 플라톤Plato의 영어식 발음과 같다. 플라톤은 운동을 매우 잘했는데, 특히 레슬링 실력이 뛰어났다고 한다. 흥미롭게도 플라톤의 이름은 그의 떡 벌어진 어깨와 매우 잘 어울리는 작명이다. 이름을 그렇게 지어서 운동을 잘하게 된 것인지, 후에 그렇게 이름이 붙은 것인지는 확인해 보지 않았다. 역시 모두 넓고 평평한 것과 의미가 깊은 셈이다.

1968년 찰턴 헤스턴Charlton Heston이 주연했던 영화 〈Planet of the Apes〉는 한국에 소개될 때, 〈혹성탈출〉이라는 제목으로 알려졌다. 행성planet은 과거에 혹성이라고 불렀다.

행성과 혹성은 같은 것을 의미한다. 행성들은 고정된 항성과 달리 자리를 이동한다. 밤하늘의 천체를 연구하는 점성술사들에겐 볼 때마다 위치를 바꾸는 행성이 마치 사람의 눈과 마음을 현혹하는 것처럼 느껴졌던 모양이다.

사람들의 눈과 마음을 현혹眩惑하는 별이라는 뜻에서 혹성惑星이라고 불렀다. 이를테면 점성술적인 주관성이 가미된 명칭이었던 것이다. 지금은 혹성이라는 말 대신에 행성行星이라는 말을 사용한다. 말 그대로 움직이는 별이라는 말이다.

놀라울 정도로 발달한 천문학astronomy 덕분에 지금은 태양도 움직이고 있다는 것을 알게 되었다. 은하계 중심galactic center을 2억 2천만 년에 걸쳐서 한 바퀴를 돈다고 한다.

태양을 의미하는 단어는 helio-라는 접두어를 사용한다. 태양을 향해서 자라는 것은 향일성이라고 하는데, 영어로는 heliotropism이라고 한다. 태양helio을 향해 몸을 돌리다trop(turn)라는 뜻으로 풀이한다. 해바라기sunflower는 대표적인 향일성 식물이다.

태양은 홀로 빛나고 지구 위에 군림한다. 오랫동안 숭배와 종교의 대상이기도 했다. 태양은 종종 선망을 담은 이름으로 사용되기도 한다. helio라는 말은 브랜드 이름으로도 종종 사용된다.

헬리오시티Heliocity라는 아파트 브랜드도 있다. 태양의 도시라는 의미를 부여하고 싶었던 것일까.

그리스 신화에서 히페리온Hyperion은 태양의 신 헬리오스Helios, 달의 여신 셀레네Selene와 새벽의 여신 이오스Eos의 아버지로 등장한다. Hyperion은 "위를 걷는 자he that walks on high" "높은 곳의 신the god above"의 의미를 갖고 있다. 덕분에 hyper-라는 접두어는 종종 무언가를 초월한, 그 이상이라는 의미로 사용된다. 사실주의realism보다 훨씬 더 사실주의적인 것은 극사실주의hyperrealism라고 한다. 점점 더 흔해지는 질병 주의력 결핍 과잉행동 장애ADHD라는 병명에도 hyper-가 쓰인다. ADHD는 Attention Deficit Hyperactivity Disorder의 줄임말이다.

히페리온, 헬리오스는 종종 태양의 신으로 동일하게 간주되기도 한다. 하지만 태양의 신으로는 아폴로Apollo가 가장 널리 알려져 있다. 재미있는 것은 어원적으로 히페리온의 발음, 페리오- 부분이 아폴로의 발음 폴로-와 비슷하다는 것이다. 이 주장대로라면, 결국 히페리온이 곧 아폴로인 셈이다.

식물들은 햇빛이 좋아서 그쪽을 향하기도 하고 혹은 싫어해서 태양을 피하기도 한다. 이것은 주광성phototaxis이라고 한다. 햇빛의 자극에 따라 가까이 가려고 하거나, 멀어지려고 한다. 태양과 지구 사이의 거리는 빛의 속도로 8분 20여 초가 걸린다고 한다. 킬로미터로 환산하면 태양이 멀리 있을 때는 지구로부터 14억 9600만 킬로미터 떨어지게 된다.

이런 절대적인 거리를 두고서, 지구에서 고작 몇 센티미터, 몇 미터의 차이로 태양과 가까워지고 멀어지고 하는 것은 어떤 의미가 있을까. 그렇게 미미한 거리의 차이가 생태의 습성을 결정한다는 것은 정말 놀라운 일이다.

19세기 독일의 작가 횔덜린Friedrich Hölderlin은 독일 문학사에서 제대로 인정받지 못했던 불행한 작가였다. 하지만 20세기 초 하이데거 같은 철학자를 비롯해 헤르만 헤세, 라이너 마리아 릴케, 발터 벤야민과 같은 작가들에 의해 그의 작품이 재평가되면서 오늘날 독일 현대시의 선구자로 평가받게 된다. 그가 남긴 유일한 소설의 제목은 『히페리온』이었다. 1, 2차 세계대전 당시 많은 독일 청년 병사들은 배낭에 횔덜린의 작품을 간직하고 다녔다고 한다. 『히페리온』에 다음과 같은 구절이 등장한다.

"지구상에 지옥이 만들어졌던 것은 항상 인간이 자신들의 천국을 만들려고 할 때였다."

32

문명과 야만 사이를 달리는 변증법 자전거

변증법dialectics과 문명civilization

자전거는 바퀴cycle가 두bi- 개다. 그래서 bicycle이다. 두 개라는 의미의 bi-는 때로 di-의 형태로 나타난다. 두 사람이 나누는 대화는 dialogue다. 두 사람의 말logue이라는 뜻이다.

2년마다 한 번씩 국제적으로 열리는 문화예술 축제 중에 비엔날레가 있다. 비엔날레는 이탈리아어로 biennale라고 쓴다. 국제적으로 열리는 대규모 현대예술 축제라고 할 수 있는 비엔날레의 의미는 영어로 biannual 혹은 헷갈리지 않게 biennial과 같은 의미라고 할 수 있다.

변증법은 정과 반의 관계를 통해 합을 도출하는 것을 의미한다. 애초에 주체와 상대라는 2개의 항이 필요하다. 변증법은 dialectics이다. dia-는 둘을 의미하는 bi-의 형태를 거쳐서 가로지르는, 무엇과 무엇의 사이에 있다는 의미로 사용된다. dialect는 일종의 대화, 토론, 연설의 의미를 갖고 있다.

서로 주고받는 대화의 관계를 정반합의 관계로 가져갈 수도 있지만, 단어의 부분별 요소에 집중해서 말의 의미를 강조하면 dialect는 사투리, 방언의 의미가 된다.

원의 중심을 가로지르는 지름은 diameter라고 한다. dialect의 lect에는 모으다라는 뜻이 있지만, 주로 말을 모아서 말한다는 의미를 형성할 때 사용한다. leg-의 형태로 보면 logos와도 관계가 있다. 말, 단어와 관계가 있는 뜻으로 활용된다.

여기저기 떠돌아다니는 말들이 모여서 전설legend을 이룬다. leg는 특히 단어 같은 것들을 모으다라는 뜻으로 활용된다. 단어들이 많이 모여 읽을거리를 만든다. 읽힐 수 있다는 뜻으로는 legible이라고도 쓴다. 법률적으로 어떤 자격이 있다는 의미로 더 많이 사용된다. 반대로 자격이 없을때는 illegible이라고 한다.

강의하다lecture에도 leg-가 포함되어 있다. 강의를 하기 위해서는 어떤 말을 할 것인지를 선택하고 모아야leg 한다. 스펠링은 lec으로 변했다. 선출하다라는 뜻도 그런 면에서 동일한 어원을 갖고 있다. elect는 선출하다, 누구를 뽑다라는 뜻이다.

leg가 갖고 있는 단어를 모으다라는 뜻은 결국, 어떤 단어를 모을 것인지 선택하는 것과 같다. 그래서 leg-에는 선택하다라는 의미가 있다. 누군가를 선택해서leg 밖으로 나오게e- 한다는 의미로 elect를 설명할 수 있을 것 같다.

선택하다라는 의미는 select에서 훨씬 더 분명하게 나타난다. 선택한다는 것은 어떤 무리 중에서 일부를 떼어 내어 가져오다라는 의미로 볼 수 있다. select는 분리를 의미하는 se-와 모으다라는 lect로 구성된다. 말 그대로 선택하는 것은 여러 개 중에서 원하는 것을 분리해서 모으는 것을 의미한다. 선택된 것들을 함께 모아 놓는다면 그것은 컬렉션collection이 된다. 흔히 미술품이나 골동품들에 대해서 컬렉션이라고 말하는 경우가 많다. 수집품, 저장품 정도의 의미라고 하겠다.

se-가 분리를 의미하는 것으로는 여러 단어가 있다. 대표적으로 separate가 있다. 분리se-와 부분part의 단어가 보인다. separate는 부분으로 나눠져 있는, 따로따로의 의미를 갖는다. 이 단어를 처음 공부하던 시절, 스펠링이 헷갈려서 새파라태라고 외우던 친구들이 있었다.

세미나seminar나 콘퍼런스conference에는 보통 다양한 세션session이 마련되어 있다. session에도 역시 분리과 구분을 의미하는 se-가 보인다. sever는 서비스하다라는 뜻의 serve 그리고 심각한, 심하다라는 뜻의 severe와 스펠링이 비슷해서 혼동하기 쉬운 단어다. sever는 자르다, 절단하다라는 뜻이 있다. 역시 se-가 분리를 의미한다.

비밀을 의미하는 secret은 원래 "구분해서 분리하다"라는 뜻이었다. 헐리우드 영화에서 종종 특급기밀이 classified로 표기되는 것을 본 적이 있을 것이다. classify는 구별하다, 구분하다라는 의미를 갖고 있는 동사다. classified는 구분된, 구별된이라는 뜻으로 사용된다. 단순한 구분을 의미할 뿐인, classified는 어떻게 비밀을 의미하게 되었을까?

정답은 secret에 있다. secret이 원래 분리se- 해서 구별cret하다라는 뜻이 있기 때문이다.

구별하다라는 뜻의 cret-는 discriminate에서 확실하게 나타난다. discriminate는 차별하고 구별한다는 것을 의미한다. discrimination은 종종 인종차별을 의미하기도 한다. 구분해서 멀리 떼어놓는dis- 다는 의미가 있기 때문이다.

인종차별은 다른 말로 segregation이라고도 한다. gregate는 사람들이 모여 있는, 함께 있는이라는 의미의 단어에 공통적으로 사용된다. 교회와 같은 공공장소에 함께 모여 있는 사람들은 congregate라고 한다. aggregate는 전부를 모은 총액, 전체를 의미한다. 그런데 어떻게 segragation은 인종차별을 의미하게 되었을까? 바로 분리해서se- 따로 모으기gre- 때문이다. gre-는 여럿이 함께 모이다라는 뜻을 갖는 여러 단어에 등장한다. gregarious하면 모이기 좋아하는, 사교적인이라는 의미로 사용한다.

인종차별은 여전히 심각한 문제다. 마틴 루터 킹의 60년 전의 연설이 아직도 감동적인 것은 여전히 인종차별로부터 혹은 무수한 많은 차별로부터 우리는 자유롭지 않기 때문일 것이다.

…

나에게는 꿈이 있습니다. 언젠가 조지아의 붉은 언덕에서 옛 노예들의 아들들과 옛 노예주들의 아들들이 형제애의 식탁에 함께 앉을 수 있는, 그런 꿈이 있습니다.
나에게는 꿈이 있습니다. 언젠가 불의와 억압의 열기가 폭주하는 미시시피주에서마저도 자유와 정의의 오아시스로 탈바꿈할 것이라는, 그런 꿈이 있습니다.
나에게는 꿈이 있습니다. 언젠가 저의 네 명의 어린 자식들이 피부색이 아니라 그 아이들의 인성으로 인정받는 나라에서 살게 될 것이라는, 그런 꿈이 있습니다.

…

I have a dream that one day on the red hills of Georgia, the sons of former slaves and the sons of former slave owners will be able to sit down together at the table of brotherhood.
I have a dream that one day even the state of Mississippi, a state sweltering with the heat of injustice, sweltering with the heat of oppression, will be transformed into an oasis of freedom and justice.
I have a dream that my four little children will one day live in a nation where they will not be judged by the color of their skin

but by the content of their character.

...

때로는 인종으로만 차별이 이루어지면 그나마 다행인 것처럼 느껴질 때가 있다. 대부분의 현대사회는 인종차별이 마치 제일 심각한 문제인 것처럼 내세운다. 하지만 인종차별이라는 이슈는 때로 다른 차별을 감추기 위해 사용되기도 한다. 인종차별이라는 이슈를 지나치게 강조함으로써, 실제로는 외모를 차별하고, 경제능력을 차별하고, 학력을 차별하고, 종교를 차별하고, 지식을 차별하고, 사는 곳을 차별하며, 직업을 차별하고, 타고 다니는 차를 차별하며, 연봉을 차별하고, 정규직과 비정규직을 차별하는 것을 감추기 때문이다.

33

하늘은 둥글고, 땅은 네모나고, 혁명은 볼륨을 높인다

혁명revolution과 리볼버revolver

혁명革命이란 단어는 중국의 고전인 오경 중의 하나인 『역경易經』(주역周易)에 등장한다. 그것은 천명을 개혁한다는 의미를 갖고 있다. 『역경』에 실린 64개의 괘 중 택화혁澤火革은 개혁과 변화를 의미하는 괘로 알려져 있다. 한 군주에게 있었던 천명을 고쳐서 다른 군주에게로 옮긴다는 것을 의미한다. 곧 군주를 교체한다는 뜻이다. 혁명의 역사는 수천 년 전부터 있었던 셈이다.

원래 한자어 혁革은 동물의 피부를 벗겨서 그 안의 고기를 발라내는 것을 의미했다고 한다. 이 뜻이 확장되어 개혁, 새로 바

꿈, 혁명을 의미하게 되었다. 괘의 상으로 보면, 물과 불의 대치를 보여 준다. 어느 한쪽의 세력이 달라지면 전체 구도가 쉽게 변할 수 있는 것이다.

택화혁 괘는 영어로 revolution으로 번역한다. revolution은 re-와 volute로 나눌 수 있다. 일단 re-라는 접두사는 다시, 재-라는 뜻을 갖고 있다. volute는 volume과 같은 단어에서 보이는 것처럼 회전이나 돌아가는 것과 관련이 있다. 라틴어의 *volvore*에서 파생된 volvo라는 말은 굴리다, 굴러가다라는 뜻을 갖고 있다. 볼보Volvo 자동차의 이름은 그냥 지은 작명은 아닌 것 같다.

revolution은 기원하는 단어가 따로 있다. revolve라는 단어에서 볼 수 있는 revolvere인데, 여기에는 "돌리다, 뒤로 감다"의 뜻이 있다. 권총의 한 종류인 리볼버revolver는 장전된 총알이 돌아가면서 발사되다라는 의미를 핵심으로 한 명칭이라고 할 수 있다. 라틴어의 *revolver*는 돌아가다라는 뜻을 갖고 있다. 리볼버 권총은 약실이 원통형으로 되어 있어 돌아가면서 탄환이 발사된다.

revolution은 밤하늘의 천체 운동을 설명하는 것과 관계가 있다. 과거엔 천체가 지구를 한 바퀴 도는 것을 revolution이라고 했다. 14세기에 사용되었던 revolucioun은 원래 하늘의 천체가 지구를 한 바퀴 도는 것을 의미했다. 천체가 원운동을 하면서 움직이는 것을 말한다. 과거에 하늘의 움직임은 지상에서의 변화와 매우 밀접하게 연관되어 이해되었다. 동서양을 막론하고 옛날 사람들은 하늘의 기운이 지상에 영향을 준다고 믿었다.

천체의 회전을 의미하는 revolution은 15세기 중반에는 단순히 거대한 변화를 의미하는 단어로 사용되었다. 코페르니쿠스는 지구가 태양 주위를 돈다는 것을 설명하기 위해 이 단어를 선택했었다. 천동설에서 지동설로의 전환은 바로 이 revolution으로 인해 생겨난 셈이다. 패러다임paradigm의 전환은 늘 사회에 큰 충격을 가져온다. revolution은 사회, 문화체제 전반에 걸친 격동적인 변화를 의미하게 되었다.

단순히 천체의 움직임을 의미하던 revolution에 정치적 변화의 의미가 부여된 것은 17세기 프랑스에서부터라고 한다. 비슷한 시기 이 단어는 영국의 정치적인 상황을 묘사하는 데 사용되기도 했다. 제임스 2세 치하에서 스튜어트 왕조가 쫓겨나고, 더 순수한 합헌정부 아래에 있었던 윌리엄과 메리가 왕권을 갖게 된다. 이 사건은 명예혁명Glorious Revolution이라고 불린다.

덕분에 revolution은 기존의 사회정치 시스템을 전복시킨다는 의미로 프랑스에서 사용되기 시작한다. 최근에는 정치적인 맥락을 떠나서 어느 분야에서든 급격한 변화를 지칭하는 일상적인 용어로도 쓰이게 되었다. 혁명이 너무 많다. 최근에는 초록혁명이라는 단어가 생겨나기도 했는데, 1970년대부터 생겨난 글로벌 음식 생산에서 사용되는 말이라고 한다.

천체의 운동이 그러하듯 revolution은 거대한 원운동의 회전을 의미한다. 타로에 등장하는 운명의 수레바퀴처럼 원운동은 가장 극적인 변화를 수반한다. 꼭대기는 바닥으로 떨어지고, 바닥은 다시 꼭대기로 올라가기 때문이다. 변화의 정도를 방향으로 표시한다면 180도는 가장 극적인 변화라고 할 수 있다.

진화를 의미하는 evolution도 유사한 의미를 갖고 있다. evolve는 말려 있던 것을 다시 풀어내는 것을 의미한다. 풀어낸다는 것은 뭔가를 회전시킨다는 의미를 갖고 있다. 진화가 더 나은 방향으로 풀려 가는 것을 의미한다면, 더 안 좋게 퇴화하는 것은 devolve라고 한다. 명사로는 devolution이라고 할 수 있다. 부정, 아래 혹은 낮은 등급을 의미하는 de-가 접두어로 쓰였다.

책codex이라는 형태가 나오기 전, 서양에서는 양피지parchment 위에 글씨를 쓰고, 그것을 둘둘 말아서 보관했다. 두루마리scroll 형태라고 하는데, 이것 하나가 곧 책 한권에 해당한다. 양피지 혹은 종이를 말아서roll 원통형으로 보관한다. 이렇게 보관된 하나를 volume이라고 불렀는데, 종이를 둘둘 말았기volve- 때문에 생겨난 명칭이다. scroll과 volume 모두 회전과 돌아가는 것, 둘둘 마는 것과 관련된 단어가 포함되어 있다.

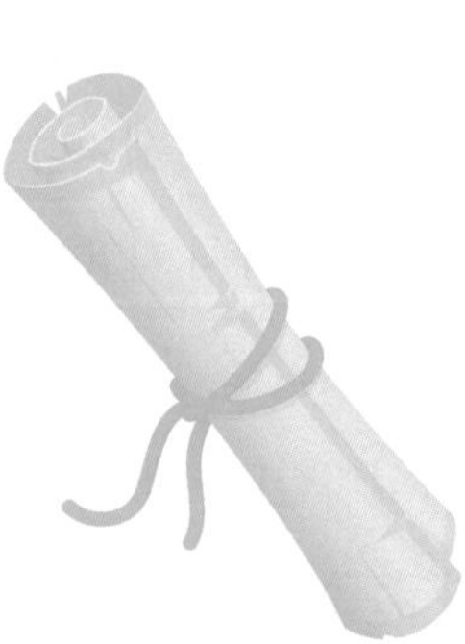

양피지 혹은 종이를 둥글게 말다 보면, 부피가 커질 수밖에 없다. 그래서 volume은 체적이나 양을 의미하기도 했다. 그래서 voluminous라고 하면 덩치가 있는, 양이 많은, 굴곡이 많은 것을 의미한다.

책을 지칭하는 단위명사는 권卷이다. 책이 연속으로 구성되어 있으면 흔히 1권, 2권이라고 한다. 중국에서는 책冊의 형태가 아닌 비단 같은 곳에 글을 쓴 다음 둘둘 말아서 보관했는데, 이것을 권卷이라고 불렀다. 영어의 volume에 정확히 대응하는 말이라고 할 수 있겠다. 동양이든 서양이든, 지금은 더 이상 두루마리 형태로 문서를 만들어 내지 않지만, volume이라는 단어는 책이 여러 권일 때 이를 구분하는 명칭으로 여전히 사용된다.

책이나 도서를 지칭하는 말로, 한국, 중국, 일본은 책冊과 편篇이라는 말을 쓰는데, 역시 과거 문서를 보관하던 물리적 방식을 지칭하는 단어에서 생겨난 말이다. 책은 끈으로 묶여 있는 형태를 말하고, 편은 죽간과 같이 대나무 조각에 기록된 것을 의미하는 말에서 유래했다고 한다.

오디오audio의 볼륨 스위치는 대부분 조절부를 돌리도록 고안되어 있다. volume이 갖고 있는 체적, 양의 의미는 소리에 대해서도 적용된다. 두루마리가 무겁게 말려 있으면 역시 많은 내용을 담고 있어서, 읽을 때 더 많은 소리가 난다고 생각했다. 여기서 볼륨은 텍스트의 양뿐만 아니라 그것을 읽을 때 들리는 소리까지 의미하게 되었을 것이다.

volume의 정확한 정의는 단순한 소리만을 의미하지 않는다. 그것은 보통 fullness or intensity of sound로 정의된다. 볼륨을 높이거나 낮추는 것은 사실, 소리가 공간을 채우는 밀도를 조절한다는 뜻인 셈이다.

동양은 세상을 천원지방의 구조로 파악했다. 하늘은 둥글고, 땅은 네모나다라는 뜻이다. 불교의 만다라에서 흔히 볼 수 있는 기하학적 도형이지만, 서양에서도 자주 등장하는 보편적인 도식이다. 하늘이 보통 원형과 연관 지어 표현되는 것은 그만큼 밤하늘의 천체가 원을 그리며 움직인다는 것을 잘 알고 있었기 때문일 것이다. 그리고 지상은 동서양을 막론하고 동서남북 네 방위를 기본으로 자신의 위치를 파악한다. 그렇기 때문에 천원지방, 즉 하늘은 둥글고 땅은 네모지다는 표현이 생겨났을 것이다.

34

지금 당신의 눈동자 속엔 누가 있습니까?

눈동자pupil와 늑대인간werewolf

영어 단어 pupil은 한국어의 눈동자와 비슷한 의미의 조합을 갖고 있다. pupil은 눈동자이면서 동시에 학생student이라는 뜻으로도 사용된다. 눈동자라는 우리말에는 사람을 의미하는 단어가 있다. 눈과 관련해서 동자瞳子라는 말이 그냥 눈을 의미한다고 생각하는 경우가 많다. 어원을 확인하기는 쉽지 않은데 여기서 눈동자는 눈의 부위를 의미하기도 하지만, 동시에 童子동자, 즉 어린아이를 의미하는 말로도 생각해 볼 수 있다.

눈이라는 신체 부위를 지칭하는 瞳子동자와 소리가 같은 童

子동자는 불교나 혹은 종교와 관련된 맥락에서 많이 등장한다. 『화엄경華嚴經』에 등장하는 선재동자가 대표적이다. 눈에 비친 사람의 형상을 눈부처라고 부르기도 한다. 눈부처는 눈동자와 비슷한 말인 셈이다. 동자든 부처든 일단 사람의 형상을 의미하고, 거기에 불교적인 의미를 담겨 있는 것도 비슷하다.

동자라는 말은 보통 출가하기 전에 승려와 함께 생활하는 어린아이를 의미한다. 영어 단어 pupil의 의미가 어린 student이면서 동시에 eye이기도 하다는 것은 한국어의 눈동자에 있는 동자가, 눈을 의미하는 동시에 어린아이를 의미하는 것과 일치한다.

눈과 아이라는 뜻이 한 단어에 동시에 있는 경우는 종종 여러 언어에서 나타난다. 총명하고 진지한 학생들의 눈빛은 예사롭지 않다. 그런 면에서 눈동자와 학생을 의미하는 단어가 같다는 것은 참으로 절묘하다.

pupil에 있는 pau-라는 소리는 적다라는 뜻의 few와 유사하다. 의미 역시 비슷하게 실현되었다. 어린이는 아직 나이를 많이 먹지 않았기few 때문이다. 같은 소리인 pau를 갖고 있는 단어

puerile은 철없는, 어린이스러운, 미숙한 등의 뜻으로 사용된다. 이와 대조적으로 virile은 성인과 관련한 형용사인데, 성인의, 남성적인 등의 의미로 사용된다.

virile에서 vir-은 사람man을 의미하는데, 이것은 고대 영어에서 wer-와 같은 뜻으로 사용된다. wer-가 사람을 뜻하는 경우가 있을까? 쉽게 찾기 어려울 것 같지만, 그렇지 않다. 늑대인간은 werewolf라고 한다.

프로이트의 가장 유명한 분석 사례에는 흔히 『늑대인간』으로 별칭되는 케이스가 있다. 지금은 널리 알려져 있는 이 보고서는 어느 문학작품 못지않게 아름답고 유려한 문장으로 쓰여 있다. 꿈속의 상징과 이미지들을 정신분석학적으로 해석하는 프로이트의 통찰은 고스란히 문학비평이라고 해도 손색없을 정도로 문학적이다.

『늑대인간』으로 알려진, 유아기 노이로제에 대한 분석은 한 러시아 젊은이의 정신분석 치료 과정을 기록한 글이다. 프로이트는 이 치료 과정에 대해서 한 가지 중요한 점을 밝히고 있다. 바로 어린 시절의 노이로제를 성인이 되고 난 후에 치료하는 과정이었다는 것이다.

"나는 유아기 노이로제가 진행되고 있을 때 분석한 것이 아니라, 그것이 없어진 지 15년이 지난 후에 분석한 것을 기술하는 것이다. 이렇게 하는 데에는 좋은 점도 있고 나쁜 점도 있다. 노이로제가 있는 아이라면 그 당시에 분석하는 것이 당연히 더 믿을 수 있을 것 같지만, 거기에서 나오는 자료는 풍부하지 못하다. 왜냐하면 말과 개념을 아이에게 너무 많이 빌려주어야 하고, 그렇게 해서 분석한다 하더라도 가장 깊은 단층은 의식이 파고들지 못하는 경우가 있기 때문이다. 이성적으로 성숙한 어른의 기억에 의존하여 유아기의 병을 분석하면 이런 한계는 없다. 그러나 우리가 나중에 우리의 과거를 돌아볼 때는 그것을 왜곡하고 새로 꾸민다는 사실을 고려해야 한다."

여기서 아이가 유아 시절 부모와 함께 자면서 목격했을 것으로 여겨지는 프로이트의 유명한 "원초적 장면Primal scene, Urszene"은 사실 허구이며, 성인이 된 후 기억을 돌이키는 과정에서 재구성된 것일 수 있다는 가능성을 언급하고 있다. 이러한 추론은 사회에 편재하고 있는 다른 많은 "기정사실들"에도 적용될 수 있는 것으로 확장되었다. 우리가 당연히 사실이라고 알고 있는 것들이 종종 근거 없는 환상에 불과할 때가 있는 것처럼 말이다.

프로이트가 말하는 "원초적 장면"으로 번역되는 영어의 primal scene에 사용된 prime은 최초의, 가장 먼저의, 근원적이라는 뜻을 갖고 있다. primal은 prime에서 파생된 말이다. pri-는 앞, 미리, 처음을 의미하는데, 종종 predict, preface 등에서 보이는 것처럼 pre-의 형태로 나타나기도 한다. predict는 미리pre- 하는 말dict이므로, 예언하다라는 뜻이 있다. 보통 서문으로 해석되는 preface는 미리, 먼저 하는 말이라는 뜻이 있다. 프롤로그prologue와 비슷한 구성이다. 말을 의미하는 dict-는 dictionary(사전), dictation(받아쓰기), dictator(독재자) 등의 단어에 포함되어 나타난다.

영화 〈트랜스포머〉에는 옵티머스 프라임Optimus Prime이 등장한다. 대장이라서 prime이라는 이름이 붙었을 것이다. Optimus는 라틴식의 작명인데, 영화를 위해 만들어진 말이다. optimacy는 귀족이나 혈통이 고귀한 사람들에 의한 통치를 의미한다. 여기서 optimal에는 최적의, 가장 좋은이라는 뜻이 관계된다. 명사로는 optimum으로 쓴다. Optimus Prime은 가장 고귀한, 가장 존귀한 정도의 의미로 봐도 될 것 같다. 어차피 영화를 위해 만들어진 작명이니, 의미는 생각하기 나름이겠다.

방송에서 흔히 말하는 prime time은 시청율이 가장 높은 시간peak tuning-in period을 말한다. 영국의 총리는 정치 서열에서 가장 높은 위치이므로, prime minister라고 부른다. 만물의 영장으로 여겨지는 인간은 영장류primate라고 부른다. 영장류를 연구하는 영장류학은 primatology이다. 수학에서 1과 자기 자신으로밖에 나눠지지 않는 수는 소수prime number라고 한다.

2004년 미국의 어느 고속도로의 표지판billboard에 다음과 같은 알쏭달쏭한 광고가 게시되었다.

$$\begin{Bmatrix}\text{first 10-digit prime found} \\ \text{in consecutive digits of } e\end{Bmatrix}\text{.com}$$

문제의 내용은 상수 e의 확장소수점 내에서 첫 열 자리 소수prime number를 찾는 것이라고 한다. 특별히 누구를 대상으로 한 광고가 아니었지만 (동시에 완전한 공붓벌레들을 타겟으로 설정된 광고effectively nerd-sniped로) 고속도로를 지나면서 관심을 가졌던 몇몇 사람들은 정말로 문제를 풀었다. 그리고 광고판에 적힌 대로 해답을 인터넷 주소창에 썼더니, 구글 입사에 합격했다는 혹은 그에 상응하는 메시지를 받았다고 한다. 나름대로 창의적이고 진취적인 인재를 찾기 위해 구글이 고안한 방법으로 널리 알려져 있다.

35

Chat GPT 4.0에게 피노키오가 물었다, 난 언제 철이 들지?

인공지능Artificial Intelligence과 테크놀로지Technology

인공적artificial이라는 말은 기술 혹은 예술과 관련된 art에서 파생되었다. 기술을 의미하는 art와 만들다라는 뜻의 ficial이 합쳐진 말이라고 볼 수 있다. 만드는 기술이라는 의미 혹은 기술로 만들다라는 의미로도 볼 수 있을 것이다. 자연적으로 생겨난 것이 아니라, 인간이 의도를 갖고 만들었다는 의미를 제일 중요하게 봐야 할 것이다.

스탠리 큐브릭 감독의 1968년작 〈2001: A Space Odyssey〉에서 HAL이라는 인공지능이 등장한 이후로 인공지능artificial intelligence

의 기술은 영화 속에서 그리고 현실 속에서도 놀랍도록 발전했다. HAL이라는 이름은 당시 굴지의 컴퓨터 회사였던 IBM의 알파벳을 이용해 각 알파벳의 다음 글자를 조합해서 작명했다고 한다.

인공지능이라는 제목을 본격적으로 사용했던 스티븐 스필버그 감독의 〈A.I.〉는 2001년 개봉되었다. 지금으로부터 20년도 더 된 영화인 셈이다. 하지만 영화가 보여 주었던 인공지능에 대한 상상력은 점점 현실이 되어 가는 것 같다. 단순히 공상과학으로 설정되었던 인공지능 안드로이드가 이제는 상당한 정도까지 현실의 일부가 되었기 때문이다.

피상적이라는 뜻의 단어 superficial은 artificial과 비슷하게 구성된 단어다. super는 위, 너머의라는 뜻의 접두어라고 할 수 있다. 단지 물리적인 방향의 의미에서 위뿐만 아니라 추상적인 의미까지 덧붙어 뭔가를 초월한, 넘어서라는 뜻으로까지 확대된다.

superficial에서 super는 물리적인 방향에서 위라는 단순한 의미를 갖고 있다. ficial은 사람의 얼굴face의 형용사 형태라고 할 수 있다. 종합한다면, 바로 얼굴 위라는 뜻이다. 얼굴 위라는 것은 결국 깊이가 없다는 뜻으로 귀결되며 깊이가 없는, 피상적인이라는 의미를 갖게 된다. 얼굴 위로 드러난 것에만 국한되므로 이해도 한정적이고, 포괄적인 깊이가 없다는 의미로 사용된다.

평범한 인간man 위에 슈퍼맨superman이 있는 것처럼 super는 초월적인, 정도를 넘어선이라는 뜻으로도 사용된다. sonic은 음속을 표현할 때 사용하는 말이다. 비행체가 음속을 돌파할 때 생기는 큰 소리는 sonic boom이라고 한다. supersonic은 음속보다 빠르다는 뜻이 되겠다.

sonic은 소리를 의미하는 sound와 관계가 있는 말이다. 단어의 son- 부분이 소리와 관계되어 여러 단어로 파생된다. 자동차의 이름으로도 사용되는 소나타sonata는 음악의 형식이다. 소리와 관계되어 있는 것은 당연해 보인다. 영미 시에서 사용하는 소네트sonnet는 보통 14줄로 구성된 시를 말한다. 다양한 형식의 소네트가 있지만, 아무래도 대중적으로 가장 널리 알려진 소네트는 셰익스피어의 소네트일 것이다. 소네트sonnet 역시, 시의 음악성을 생각할 때, 소리와 관련된 명칭으로 사용되는 것이 당연한 것처럼 보인다.

art와 비교되는 단어에는 techne가 있다. 두 단어 모두 인간의 창의적인 생산 활동 기술을 의미하는 데 사용되지만, techne는 보다 실용적인 차원의 기술을 의미한다. 이에 반해, art는 미학적인 관점에서 높이 평가받을 수 있는 그런 기술을 의미한다. art는 예술로 번역되고, techne는 기술로 번역된다. art(예술)는 개인의 창의적인 미적 표현에 중점을 둔 반면, techne는 기존에 정해진 방식과 체계화된 과정을 통해 이루어지는 기술활동이라고 할 수 있을 것이다.

인공지능artificial intelligence을 만드는 테크놀로지technology라는 말은 재미있는 표현이다. 테크놀로지가 단순한 기술을 의미한다면, 단순한 기술로 복잡한 기술을 만든 셈이기 때문이다. 결국 복잡한 기술 역시 단순한 기술들의 연장에 불과할 것이다.

인간의 삶은 복잡하다. 하지만 우리는 흔히 인생 뭐 별거 없다라는 표현도 자주 접한다. 별거 없다는 말에는 단순하다라는 뜻이 담겨 있기도 하다. 어쨌거나 인생은 복잡하기도 하고, 단순하기도 하다. 삶은 복잡과 단순이라는 두 개의 극점 사이를 오가며 푸코의 진자처럼 출렁인다. 결국 복잡한 것은 단순해지고, 단순한 것은 복잡해진다.

예술을 의미하는 art는 본래 의미인 기술에서 좀 더 정교하게 확장된 결과라고 할 수 있다. 기술은 예술적으로도 승화되지만, 호전적으로 발전하기도 한다. 인간이 구사하는 기술은 보통 상체의 팔을 중심으로 이루어진다. 예술art과, 팔arm을 의미하는 단어에 공통으로 포함된 ar-은 "적합하게 들어맞다"라는 뜻을 갖고 있다. 기술은 무엇보다도 그 적합성이 중요하다. 팔arm이라는 의미는 이후에 팔로 무기를 든다는 의미에서 arms로 확장된다. arms는 무기를 의미한다. 냉전 시기에 소련과 미국의 군비경쟁을 arms race라고 불렀다.

프랑스 작가 야스미나 레자Yasmina Reza의 작품, 〈Art〉라는 제목의 희극은 1994년 초연이 이루어졌다. 이 작품은 최근 한국에서도 원로 배우들을 주연으로 해서 공연된 적이 있었다. 한 예술 작품을 둘러싸고 세 친구 세르지Serge, 마크Marc, 이반Yvan이 보여주는 모습을 통해 인간의 모습은 물론 인간관계에 대한 날카로운 성찰을 엿볼 수 있는 작품이었다. 특히 작품의 소재로 설정된 하얀 캔버스의 미니멀리즘적인 예술작품은 실제 현실에 존재하는 작품일 수도 있다. 그런 면에서 관객은 예술 자체에 대한 본질이 무엇인지도 고민하게 된다.

연극은 세르지가 하얀 캔버스에 줄이 몇 개 그어진 그림을 20만 프랑을 주고 사 오면서 시작된다. 오직 하얀 캔버스에 줄 몇 개만이 그려진 그림인 것이다. 당연히 마크와 이반은 놀라고, 이제 그들은 과연 그 예술의 가치가 적절한지 서로 의견을 주고받는다. 그리고 점점 대화가 더 진행될수록 각자가 갖고 있는 이견이 더 격화되면서 세 친구의 우정도 흔들리게 된다.

이 드라마의 스토리를 들었다면, 아마도 마크 로스코Mark Rothko의 그림을 생각했을 수도 있을 것이다. 사실 이 작품은 로스코의 작품으로부터 영감을 얻어 쓰인 것이라고 한다. 작품 속에 등장하는 "하얀 캔버스에 줄 몇 개"로 구성된 작품은 로스코의 작품을 염두에 두고 설정된 것으로 알려져 있다.

로스코의 작품 혹은 절대주의 회화를 추구했던 카지미르 말레비치Kazimir Malevich의 그림은 그저 색깔이 단순하게 칠해진 캔버스와 크게 다르지 않아 보인다. 뭔가 추구하는 바가 있어 나름대로 추구했던 예술성을 표현했을 테지만, 쉽게 이해하기는 어렵다.

야스미나 레자는 로스코의 작품으로부터 영향을 받았다고 하지만, 〈Art〉에 등장하는 하얀 캔버스의 그림과 가장 비슷한 실재 작품은 말레비치의 〈흰색 위의 흰색〉이라고 해도 될 것 같다. 이 작품은 2008년 소더비 경매에서 6000만 달러에 거래가 되었다고 한다. 그냥 하얀 사각형 하나가 엇나가게 겹쳐 있는 흰 캔버스에 불과한데도 말이다.

한국에서도 로스코 전시가 있었다. 실제 전시를 다녀왔던 관객의 말로는, 막상 그림을 앞에 두고 보면 그림이 단순해 보이지 않았다고 한다. 로스코의 〈Untitled(Red)〉(1956) 같은 작품을 아주 오랫동안 응시한 관람객들이 많았다고 했다. 로스코의 작품을 실제로 보면 같은 색깔처럼 보여도 붓이 지나간 흔적과 결이 또 다른 회화적인 효과를 나타내고 있었다는 것이다. 역시 미술은 디지털로 보면 안 될 것 같다.

다시 처음으로 돌아가서, 스필버그의 〈A.I.〉는 인간으로부터 사랑을 받는 것을 목적으로 만들어진 어린이형 안드로이드, 데이비드가 사람이 되려고 떠나는 여정에 관한 영화다. 사랑을 받는 것이 목적이라는 설정은 인위적으로 느껴지지 않는다. 아이들은 실제로 그렇기 때문이고, 또 그래야 하기 때문이다. 자식을 잃게 된 모니카 부부의 상실감을 치유할 목적으로 입양된 안드로이드 데이비드는 사랑을 듬뿍 받으며 행복하게 지낸다. 하지만 회생의 기미가 없었던 모니카의 친아들이 건강을 회복하고 집으로 돌아오면서 데이비드는 오히려 위험한 장난감이 되고 만다.

자신의 친자식과 입양한 안드로이드를 함께 양육할 수 없음을 깨닫게 된 모니카 부부는 결국 데이비드를 다시 반납하기로 결정한다. 하지만 모니카는 폐기 처분 될 것이 분명한 데이비드를 차마 제조사에 돌려보내지 못한다. 대신 데이비드를 숲속에 유기한다. 버려진 데이비드는 자신이 진짜 인간이 되면 다시 엄마를 찾아가 사랑을 받을 것이라고 믿으며 먼 길을 떠난다.

데이비드가 찾아가려고 하는 것은 푸른 요정The Blue Fairy이다. 매일 저녁 엄마가 읽어 주던 피노키오 동화에서, 푸른 요정이 나무인형을 사람으로 만들어 주었던 것을 기억하고 있기 때문이다. 데이비드는 푸른 요정을 만나면, 자신도 사람이 될 수 있을 것이라고 믿으며 세상 어딘가에 있을 푸른 요정을 찾아 길을 떠난다. 그리고 그 여정은 2,000년도 더 넘게 지속된다.

영화는 인공지능과 인간의 변별점을 아주 정확하게 지적하고 있다. 자신을 만들었던 하비 박사를 찾아간 데이비드는 그곳에서 수백 개도 넘는 자신과 똑같은 데이비드를 만난다. 그리고, 그 모상들 앞에서, 데이비드는 자신만의 유일한 정체성과 존엄성에 혼란을 느낀다.

"난 특별해. 난 유일한 존재야. 난 데이비드라고"

"I'm special! I'm unique! I'm David!"

하비 박사는 혼란스러워하는 데이비드에게 그 자신이 얼마나 특별한지를 말해 준다.

"네가 태어나기 전까지, 꿈을 꾸는 로봇은 없었단다. 로봇은 우리가 말해 주기 전까지는 아무것도 욕망하지 않았어."
"Until you were born, robots didn't dream. Robots didn't desire unless we told them what to want"

데이비드는 온전히 스스로의 동기부여로 인간이 되고 싶어 하는 꿈을 갖고 있었던 것이다. 그리고 그 꿈을 실현하기 위해 모니카가 읽어 주던 동화 속의 푸른 요정도 믿게 되었다. 하비 박사는 말한다. 푸른 요정은 인간이 갖고 있는 가장 커다란 결점이면서 동시에 인간이 자신의 꿈을 추구할 수 있는 재능이라고.

인간이 인간일 수 있는 것, 그것은 희망을 갖는 것이고 꿈을 꿀 수 있다는 것이다. 영화 〈A.I.〉가 보여 주고 있는 인간과 인공지능의 변별점은 Chat GPT로 몰아친 인공지능의 물결 속에서 더욱더 분명해지고 있는 것 같다.

영화는 브라이언 올디스Brian Aldiss가 1969년 발표한 「Supertoys last all summer long」라는 단편소설을 바탕으로 하고 있다. 하비 박사가 자신의 아들 데이비드를 모델로 안드로이드를 만들었다는 설정은 애니메이션 아톰의 기본적인 얼개와 비슷하다. 일본 애니메이션의 신神으로 추앙받는 데츠카 오사무가 처음 『우주소년 아톰』을 처음 그렸던 것은 1952년이었다.

36

꽃이 피어서,
4월은 잔인합니다

온통 꽃잎이 흩날리는 계절이 되었다. 꽃이 피는 4월. 꽃이 핀다. 꽃이 피어난다. 꽃망울이 꽃으로 피어나는 그 갑작스런 순간의 놀라움. 눈 깜빡이지 않고 지켜보아도 그 순간을 볼 수는 없다. 자연은 감추지 않지만, 인간은 그것을 보도록 허락되지 않았다.

프랑스의 철학자 가스통 바슐라르는 꽃이 식물의 성기라는 정확한 관찰을 했었다. 꽃향기를 맡거나, 꽃을 꺾는 행위가 성적인 것으로 연상되는 것은 매우 자연스러운 일이다. 꽃은 사회문화적으로 성적인 것을 환기시키는 대표적인 상징이라고 할 수 있다.

꽃이 피는 4월은 그래서 온통 생명력 가득한 계절이다. 그런데 아름다운 말에 피가 있다. 왜 꽃이 "피"어난다고 했을까. 꽃이 피어나는 것bloom은 "피blood"와 관계가 있을까? 한국어로 상처에서 "피가 난다"는 말은 꽃이 "피어난다"는 말과 비슷하다.

어원적으로 봤을 때 영어로 꽃을 의미하는 단어 flower는 blood와 관계가 있다. fl-과 bl-의 소리가 비슷한 것은 우연이 아니다. 꽃이 피어나는 것은 bloom이다. 피어나다라는 뜻의 bloom이 blood와 bl-을 같은 어원으로 공유한다. "꽃이 피다Flowers bloom"라는 말은 한국어로 쓸 때, 은근히 시적이다. "꽃이 피다"라는 문장은, 꽃이 피어나다라는 뜻으로도, 꽃이 피blood라는 뜻으로도 읽힌다.

영어 단어 blood에서 bl-의 소리에 해당하는 어원은 원래 상처가 부어오른다는 것과 같은 의미가 있었다. bl-이 의미하는 것은 상처에서 피가 흘러나오는 것, 마치 땅에서 샘이 솟아나는 것처럼 뭔가가 "갑자기 터져 나오다burst out"라는 의미를 갖고 있다. 뭔가가 수축해 있다가 갑자기 터져 나오는 것은 상처가 나면서 피가 흐르는 것이나 봄철에 꽃망울에서 꽃이 피어나는 것과 비슷한 운동성을 의미한다.

그래서 "꽃이 피다"는 영어로도, 한국어로도 꽃과 피의 상관성을 아주 잘 보여 주는 문장이라고 할 수 있다. 봉오리에서 피어나는 꽃으로부터 피가 분출되는 것과 같은 운동적 이미지를 연상하는 것은 생각보다 어렵지 않을 것 같다. 그것은 생명력이 분출되는 것처럼 터져 나오는 힘burst out을 보여 주고 있기 때문이다.

영어 표현에는 get blood from a stone이라는 표현이 있다. 바위에서 피를 얻어 내다라는 뜻이다. 실현 불가능한 일을 의미한다. 사람들에게는 혈액형blood type이 있다. 한때 혈액형을 바탕으로 사람들의 성격을 추론하는 것이 유행하기도 했다.

혈액형으로 사람의 성격을 구분하기 훨씬 이전, 중세 유럽에서는 사람의 체질을 크게 4가지로 분류했다. 히포크라테스 이후로 사람의 몸속에 존재하는 액체에는 네 가지가 있었는데, 그것은 황담즙yellow bile, 흑담즙black bile(melancholy), 피blood 그리고 점액질phlegm이었다. 이 네 가지 액체의 혼재 비율이 그 사람의 성격을 결정짓는다는 믿음이 광범위하게 신봉되었다.

동서를 막론하고 우주론의 근본에는 4라는 숫자가 있다. 가장 광범위하고 보편적인 4라는 숫자를 경험할 수 있는 것은 사계절이라고 할 수 있다. 계절 각각의 특성은 물론 그것이 네 가지 형태로 변화한다는 프레임은 인류의 문명과 문화가 발달하는 데 적지 않은 영향을 주었을 것이다. 인간의 혈액형은 크게 네 가지로 구분된다. DNA는 네 가지 요소 A, G, C, T로 구성되어 있다. 한의학에서도 사람의 체질을 네 가지 사상으로 구분한다. 명리학에서 살피는 사주팔자도 연, 월, 일, 시라는 네 가지 변수로 구성되어 사람들이 타고난 운명을 추리하는 데 대한 근간을 이룬

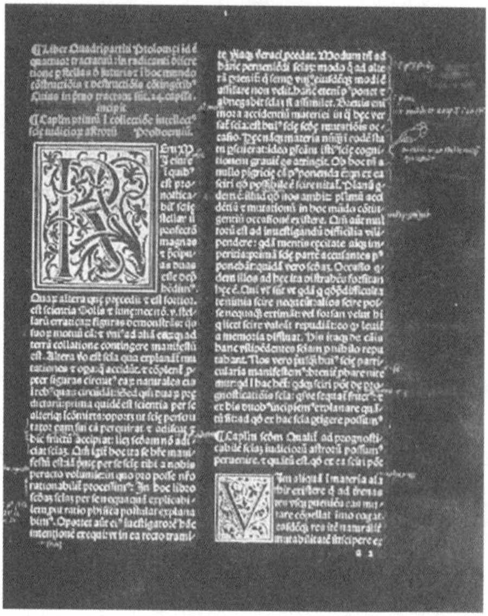

다. 고대 그리스의 피타고라스는 4라는 숫자를 매우 신성하게 여겼으며, 그것을 "영원한 자연의 원천이자 뿌리"라고 믿었다. 4는 완벽한 숫자로서 숭배되었고, 이것은 우주의 근본적인 원소에 대한 철학으로 옮겨 갔다. 프톨레마이오스Ptolemaeos는 천체와 우주에 관한 당시로서는 아주 획기적인 책을 썼다. 책의 제목은 『테트라비블로스*Tetrabiblos*』, 곧 네 권의 책이라는 의미였다.

우주를 구성하는 본질적 원소에 대한 생각은 만물의 네 가지 뿌리라는 생각으로 확장되었고, 이것은 다시 태양, 지구, 하늘과 바다라는 실체로 나타난다. 우주를 포괄하는 거시적인 범주는 인간을 포괄하는 미시적인 범주로도 축소되었고, 이러한 네 요소에 대한 미시적인 관점은 인간의 기질을 설명하는 데 그대로 차용되었다. 그래서 인간의 본질을 구성하는 원소에 대한 고대 서양의 이론을 사체액설Humor theory이라고 부른다. 히포크라테스에서 시작하여 아리스토텔레스, 갈레노스 그리고 아랍의 학자들은 모두 이 주장을 받아들였고, 이것은 어떤 형태로든 거의 18세기까지 이어졌다.

이러한 생각이 서양에만 국한된 것은 아니었다. 인도와 중국의 고대 의학체계 역시 사체액설이 한창 번성하던 때에 이러한 이론의 비유체계를 받아들였다고 한다. 고대 중국의 의학 역시 그리스와 아라비아에서 중요시했던 것과 같은 몸속 요소들 간의 "균형"을 매우 강조하고 있는데, 이것은 아라비아 학자들에 의해 그리스와 중국의 문화가 상호 문화적인 영향을 주고받았던 데 대한 결과로 추정된다.

기본 네 가지 체액의 구성 비율이 인간의 성격을 결정한다고 믿었다는 것이 사체액설의 요체라고 할 수 있다. 기본적인 사체액Four Humors 이전에 만물을 구성하는 것으로 여겨진 네 가지 원소는 물, 불, 흙, 공기였다. 피는 봄의 기운을 가지고 있고, 따뜻하며 물기가 있다. 황담즙은 여름의 기운이고 따뜻하지만 건조하다. 흑담즙은 가을의 기운이고 차갑고 건조하다. 점액질은 겨울의 기운이고 차갑고 습한 성질이 있다.

황담즙yellow bile(choler)이 많으면 짜증을 잘 내고, 점액질phlegm이 많으면 차분하고 정적이다. 그럼 피가 많은 사람은 어떨까? 쉽게 상상할 수 있겠지만, 피가 많으면 다혈질이기 쉽다. 피가 자주 끓기 때문일 것이다. 하지만 피가 많다는 것은 활동적이며, 생기가 있다는 뜻이다. 그래서 낙천적이고 쾌활하며 명랑하다라는 의미로도 쓰인다. 피와 관련된 형용사 sanguine은 그래서 낙천적인, 쾌활한이라는 의미로 사용된다. 흔히 말하는 우울증의 기질은 멜랑콜리melancholy라고 부르는 흑담즙black bile이 많을 때 생겨난다.

mel-은 검은색을 의미한다. 사람 몸에 있는 여러 가지 호르몬 가운데 멜라닌melanin은 검은 색소를 의미한다. 멜라네시아Melanesia라는 이름은 그곳에 사는 사람들의 피부가 검다는 것에서 기인한다. 멜랑콜리는 우울증으로 번역하는데, 기본적인 분위기는 어두움과 관련이 깊다. 어두운 것은 동시에 물과도 관계가 있다. 동양에서 나무는 청색 불은 붉은색 물은 보통 검은색과 연관된다. 어둡고 습한 것, 그것은 멜랑콜리melancholy의 속성이다.

프랑스의 장폴 사르트르는 1964년 노벨 문학상 수상자로 결정되었지만 수상을 거부한다. 자신의 문학과 사상의 독립적인 가치가 제도화된 문학과 시스템으로 연계되는 것을 원하지 않았기 때문이라고 한다. 사르트르는 『구토*Nausea*』라는 제목의 실존주의 소설을 썼다. 앙투안 로캉탱Antoine Roquentin이라는 이름의 주인공이 권태로운 일상에서 느끼는 형이상학적 고뇌와 실존감에 대한 성찰이 주된 내용이다. 제목의 nausea는 여러 가지로 해석되겠지만, 보통은 언어와 사물 간 괴리감을 느낄 때 오는 기이한 낯설음 정도로 여겨진다.

사실 영어 제목의 nausea는 입으로 토해 내는 구토vomitting와는 다른 의미다. 그것은 일종의 멀미감, 메슥거림 같은, 속이 아주 불편한 느낌을 의미하는 말이다. 하지만 이미 구토라고 번역되고 널리 알려졌기 때문에, 다시 제목을 수정하는 것은 쉽지 않아 보인다.

우리의 일상은 언어와 사물 간의 관계가 아주 밀착되어 있어서 그 거리감이 잘 느껴지지 않는다. 하지만 사과라는 단어를 100번쯤 반복해서 소리 내어 말하다 보면, 어느 순간 사과라는 음성과 실제의 사과 간의 거리감이 느껴질 것이다. 내가 왜 이 과일을 "사과"라는 음성으로 지칭하는 것일까 하는 질문과 함께 언어의 자의성이 오롯이 느껴지는 순간이 있다. 사르트르가 말하려고 했던 nausea는 그런 느낌이었을 거라고 생각한다.

사르트르가 처음 구상했던 『구토』의 원래 제목은 '멜랑콜리Melancholy'였다고 한다.

37

방과 후 활동은 흔들리는 대지에서 스페어타이어 바꾸기

스페어spare와 커리큘럼curriculum

2023년 1월, 영국 해리 왕자의 회고록memoir이 『스페어*Spare*』라는 제목으로 출간되었다. 제목에 사용된 스페어spare의 의미는 흔히 사용되는 스페어타이어spare tire, 스페어 키spare key, 스페어 타임spare time, 스페어 룸spare room 등에서 사용될 때처럼 여분의 혹은 남는이라는 의미로 파악된다.

그럼 제목의 스페어spare는 무슨 뜻인가? 영국의 왕실에는 the heir and the spare라는 표현이 있다. heir는 후계자, 상속자라는 뜻이다. spare는 후계자에게 혹시 이상이 있을 때를 대비한 2순위

후계자라고 할 수 있을 것이다. 해리 왕자에 따르면, 자신의 아버지 찰스 3세는 자신과 형 윌리엄William을 말할 때 이 표현을 쓰곤 했다고 밝히고 있다.

관련 기사에 따르면, 해리 왕자는 각종 미디어나 심지어 가족, 친족들 내에서도 자신은 항상 spare 취급을 받았다고 한다. 약간의 불평과 불만이 묻어 나오는 그 느낌은 아마도, "찬밥신세"라는 한국어 표현에 해당할 것 같다.

spare는 여분이라는 뜻 때문에 종종 엑스트라extra와 혼동되기도 한다. extra는 남아서 넘치는 것을 말하고, spare는 혹시 모자랄 때를 고려해 남겨 두는 여분을 일컫는다. 물론 맥락에 따라서 spare, extra가 비슷한 의미로 사용되기도 한다.

정규교과과정curriculum 이외의 교과과정을 extracurriculum이라고 부르는데, 이 경우 extra를 spare로 바꿀 수는 없다. spare time은 자신이 사용할 수 있는 자유로운 시간을 의미하지만, extra time은 정해진 시간을 초과한 것을 의미한다. 50분의 시험 시간이 지났는데, 여전히 문제를 풀고 있다면 extra time이 필요할 것이다. 일한 것에 대한 보수를 받았는데, 고마워서 돈을 더 준다면 extra money를 받았다고 할 수 있다.

여분이라는 의미에서 파생되어 spare에는 저축하다, 절약하다, 아껴 두다라는 의미도 있다. 누군가가 sparing한 성격을 갖고 있다면, 분명 근검절약하는 사람이라고 생각할 수 있다. spare에는 누군가를 용서해 주고, 벌주지 않는다는 의미도 있다. 그래서

unsparing이라고 하면 자비심이 없다는 의미가 된다. 물론 아끼지 않는다는 의미에서 과도하게 소비한다는 profuse의 의미로도 사용된다. 한 단어가 맥락에 따라 여러 가지 의미로 사용될 수 있으니, 문맥에 맞게 해석하는 것이 중요하다.

추가의, 그 이외의라는 의미에서 extra-는 여러 단어와 결합하여 사용된다. 평범하다라는 뜻의 ordinary는 extra와 결합하여 특별한, 평범하지 않은 extraordinary라는 의미를 갖게 된다. extravagant는 사치하는, 낭비하는이라는 의미를 갖고 있다. extra- 와 vagari의 결합으로 만들어진 단어다. 원래는 일정한 범위를 벗어나서 방황하다vagari라는 의미였지만, 이후 어떤 정도를 과도하게 넘어서는 것을 의미하게 되었다. 그러면서 소비와 관련해서 필요 이상으로 많이 소비한다는 의미로까지 확장되었다. 사치를 통상 어떤 정도를 넘어서는 소비라고 생각한다면, 이런 의미의 확장은 꽤 자연스럽게 들린다.

스티븐 스필버그 감독의 1982년 영화 〈E.T.〉는 외계 생명체가 지구에 불시착한 후, 지구의 아이들과 우정을 맺는다는 내용의 영화다. 〈E.T.〉의 문화적 영향은 워낙 광범위해서 영화의 제목에 사용된 E.T.는 일종의 문화적 아이콘이 되었다. 이티라는 말은 다소 짓궂은 장난이나 놀림의 수식어로 사용된 지도 오래되었다. 큰 눈, 긴 목, 볼록 나온 배와 같은 이상하게 귀여운(?) 외모에서 기인한다. 학창 시절, 학교에는 꼭 한두 명 정도 이티라는 별명을 가진 사람이 있었다.

E.T.는 Extra-Terrestrial의 줄임말이다. 말 그대로 지구terrestrial 바깥extra이라는 의미다. 지구 바깥에서 온 존재, 곧 외계인을 의미하는 말에는 alien이라는 단어도 있다. 1979년 리들리 스콧 감독은 〈에이리언*Alien*〉이라는 제목의 공상과학 공포영화로 시대를 가로지르는 문화적 아이콘을 창조해 내기도 했었다. 이티와 에이리언은 둘 모두 외계인을 지칭하는 제목이지만, 〈E.T.〉는 마음이 따뜻해지는 상상과 판타지로 기억되고, 〈에이리언〉은 공포스러울 정도로 무한한 우주에서 조우한 괴생명체의 살상과 복수극으로 기억된다.

Extra-Terrestrial에서 terrestrial은 땅, 지구와 관계가 있는 말이다. terra-는 지구 혹은 땅을 의미한다. 지상에서의 영역은 territory라고 한다. terrestrial이라는 단어의 형태는 천상, 하늘을 의미하는 celestial과 라임이 잘 맞는다.

2022년, 평소 포켓몬 게임을 즐겨 하던 에드 시런Ed Sheeran은 포켓몬 회사와 합작으로 만들었다는 노래를 발표했다. 제목은 〈Celestial〉이었다. 가사엔 이런 구절이 나온다.

… You make me feel

Like my troubled heart is a million miles away

고민 가득한 마음을 백만 마일 멀리 떨어져 있는 것처럼 느끼게 해 준다는 “너”는 바로 포켓몬 게임일 것이다. 게임에 이런 기능까지 있을 줄은 몰랐다. 에드 시런의 다른 노래들처럼 이 노래 역시 마음을 따뜻하게 하는 시적 감수성이 충만하다.

celestial은 라틴어 *caelestis*에서 유래했다. 하늘과 천상은 지상 위를 모두 덮는다. 그런 의미에서 천정ceiling 역시도 비슷한 관계가 있다. ceiling은 집이라는 소우주의 하늘celestial과 같기 때문이다. 영어의 glass ceiling은 보이지 않는 한계, 장애물이라는 뜻이다. 특히 여성들이 사회적으로 높은 지위에 오르는 것을 보이지 않게 제한함을 의미하는 것으로 80년대 후반부터 사용되었다.

프랑스어로 하늘을 의미하는 ciel 역시 기원이 같다. 영화 〈타이타닉*Titanic*〉의 주제가를 부른 것으로 유명한 셀린 디옹의 이름 Céline 역시 여기서 파생되었다. 한국식으로 한다면 이름이 하늘인 셈이다. 영어식으로는 Selina(Selena)로 쓰는데, 최근에 Selena라는 이름을 쓰는 가장 유명한 사람은 〈Calm Down〉을 노래한 셀레나 고메즈Selena Gomez일 것이다. 유튜브에서 뮤직비디오를 보니 조회수가 4억 회가 넘는다.

terra는 바다가 아닌 지역을 의미한다. 그래서 ters-에는 건조하다라는 뜻도 있다. 아마도 바다와 바다가 아닌 것을 구분하는 것으로 건조함의 여부가 중요한 역할을 한 것 같다. 목마름은 thirst라고 한다. ters-의 형태에서 파생된 것으로 보인다. 갈증은 과도한 건조함으로부터 연유한다.

extra라는 말은 흔히 영화에서 조연을 엑스트라extra라고 하는 것처럼 먼저 주된 것이 있고, 그에 부가한 것을 의미한다. 단독

으로 사용되기도 하지만, Extra-Terrestrial에서처럼 다른 단어 외부, 바깥이라는 의미를 갖고 있는 접두사처럼 붙어서 사용되기도 한다. extraspection은 내부를 관찰하는 introspection에 대비하여 바깥을 살펴보는 것을 의미한다.

지중해Mediterranean sea는 육지terra 중간medi에 있는 바다라는 의미로 이해할 수 있다. 말 그대로 지중해地中海다. 중간이라는 말로 medi-가 사용되는 경우는 많다. 중학교는 middle school이다. 스테이크를 중간 정도로 굽는 것은 medium이라고 한다. medium은 small과 large의 중간이기도 하다. 어떤 수치들의 중간값은

mean이라고 한다. 평균average과도 비슷하게 쓸 수 있다. mediocre는 보통의, 평범하다라는 뜻이다. 모두 med-와 비슷한 형태가 사용되었다.

1990년대 블리자드Blizzard사에서 출시한 스타크래프트Star Craft 게임은 PC방이라는 새로운 문화를 창출하는 데 큰 기여를 했다고도 한다. 게임에는 세 가지 종족이 등장하는데, 그중 지상에서 살아가는 인간 종족은 terran이다. 즉각적으로 땅과 관련된 이미지를 환기시킨다.

이탈리아의 영화감독 루키노 비스콘티는 1948년 〈흔들리는 대지〉라는 제목의 영화를 발표했다. 〈흔들리는 대지〉라니, 지진이 연상될 수도 있지만 제목에서 말하는 흔들리는 대지는 바다를 의미한다. 원어 제목은 〈La Terra Trema〉, 땅terra이 흔들리다tremble라는 의미다. 제목에 포함된 대지라는 단어는 곧장 넓고 광활한 땅을 연상하게 하지만, 영화는 바다를 배경으로 펼쳐지는 어부들의 삶에 관한 것이다. 〈흔들리는 대지〉는 이탈리아의 한 어촌이 자본주의의 물결에 휘말리면서 토착 어부들의 삶이 점점 파괴되어 가는 과정을 그리고 있다. 흔들리는 대지 위에서 어부들의 삶은 항상 위태롭다.

38

굴뚝 속으로 카메라를 떨어뜨렸을 뿐인데

굴뚝chimney과 카메라camera

방을 의미하는 가장 흔한 영어 단어는 room이다. 대저택이나 특별한 건축물에는 비상 시 안전을 구할 수 있는 패닉룸panic room이 만들어져 있다. 지진이나 테러, 외부의 위협이 발생했을 때 패닉룸 안으로 들어가면 당분간은 안전하게 지낼 수 있다고 한다. 호텔이나 기숙사에서 보통 객실은 room 101, room 505 따위로 표시한다. 고급 객실은 스위트룸suite room이고, 공포영화에 등장하는 고문실은 torture chamber다. 체임버 오케스트라chamber orchestra는 실내악 정도의 의미가 될 수 있는데, 약간 규모가 작은 관현악단이라고 할 수 있다. room과 chamber는 둘 모두 방을 의미하지만 사용되는 영역에 다소 차이가 있다.

특별한 목적으로 마련된 방을 의미하는 chamber는 굴뚝을 의미하는 영어 단어 chimney와 관계가 깊다. 그리고 chimney는 다시 벽난로와 관계가 있다. 흔히 벽난로는 fireplace라고 하지만, 라틴어로는 *caminata*라고 한다. 이 단어는 원래 벽난로 혹은 벽난로가 있는 방을 의미했는데, 방이라는 의미의 비중이 커졌다. 그렇기에 이 단어는 종종 라틴어로 둥근 아치 천정이 있는 방을 의미하는 카메라camera와 관계가 있는 것으로 여겨진다.

camera는 눈앞의 피사체를 빛으로 기록하는 기계장치를 의미하지만, 원래는 빛이 작동하는 어두운 사각형의 방camera을 의미했다. 아날로그식 카메라가 작동하기 위해 반드시 필요한 기계장치 내부의 어두운 공간이 바로 camera인 것이다. 어떤 사물의 일부가 그 사물 전체를 지칭하는 이름이 된 셈이다. 이렇게 chimney(굴뚝), chamber(방), camera(카메라)는 모두 정방형 혹은 직사각형의 기하학적인 공간과 관계가 있는 말이다.

방을 의미하는 영어 단어는 다양하게 존재한다.

아트리움atrium이라는 단어 역시 특별히 만들어진 공간을 의미한다. 로마시대 건축물의 중심이 되는 공간에 위로 천정을 뚫어서 햇빛이 비치는 곳을 지칭하는 데 사용된 말이다. 현대에도 햇빛이 들어오는 건물의 중심 공간을 의미한다. 로마의 판테온Pantheon에도 역시 이렇게 천정에 뚫린 공간이 있다. 마치 눈처럼 뚫려 있어서 그것은 오큘러스oculus라고 부른다.

음식이나 식기류와 같은 도구를 보관하기 위해 따로 마련한 공간은 팬트리pantry(food pantry)라고 부른다. 건축과 공간에 대한 관심이 많아지면서 pantry는 우리말로 팬트리라고 사용하는 것 같다. 보통은 주방과 식당이 있는 곳 사이에 위치한다. 굳이 번역을 한다면, 수납방 혹은 음식 저장고 정도가 되지 않을까 싶다.

햇빛이 비치지 않는 지하의 방은 cellar이라고 한다. 보통 음식의 저장고라는 의미로 사용되지만, 와인셀러wine cellar와 같이 와인을 저장하는 냉장고가 보급되면서 cellar라는 말도 흔히 쓰이게 된 것 같다. 셀러cellar는 세포를 의미하는 셀cell과 관계가 있다. cell은 세포라는 말로 많이 알려져 있지만, 원래는 수도원monastery이나 수녀원nunnery에서 수도사monks, 수녀들nuns이 사용하던 작은 방을 의미한다. 명상과 수도를 위해서는 굳이 넓은 공간이 필요하지 않을 것이다. cell의 작다라는 의미는, 생물학에서 생체조직의 기초를 의미하는 세포에도 포함되어 있다.

cell은 수도원의 작은 방에서, 생물의 세포라는 의미를 거쳐서 지금은 아마도 휴대전화를 지칭하는 데 가장 많이 쓰이고 있을 것이다. 휴대전화는 celluar phone이라고 한다. 휴대전화의 통신을 위해 지역 곳곳에 무선국을 설치하는데, 그것이 마치 세포의cellular 방식으로 세워져 이름이 그렇게 붙여졌다고 한다.

셸터shelter라는 말이 꼭 방을 뜻하는 것만은 아니다. 누군가가 외부의 위험이나 위협에서 안전을 찾기 위해 거주하는 공간이라고도 할 수 있다. shelter는 방패를 의미하는 shield와 관계가 있는 말이다.

많은 사람들에게 큰 사랑을 받는 화가 가운데 한 사람인 네덜란드의 화가 요하네스 베르메르의 그림은 한국에서도 인기가 많다. 〈진주 귀걸이를 한 소녀Girl with a Pearl Earing〉는 아마도 가장 널리 알려진 작품일 것이다. 트레이시 슈발리에Tracy Chevalier가 소설로 쓰기도 했고, 2003년 스칼렛 요한슨이 주인공으로 등장하는 영화로 제작되기도 했다.

베르메르의 그림은 화려한 색감과 사진 같은 정교함으로 유명하다. 르네상스에서부터 서양회화는 그 놀라운 정교함과 사실성이 대단했기 때문에, 베르메르의 그림 역시도 단순히 그렇게 정교한 그림이라고 생각했다. 그런데 최근에 베르메르의 그림에는 다른 그림과는 다른 비밀이 숨겨져 있다는 것이 밝혀졌다.

몇몇 미술 연구가와 화가 그리고 한 발명가는 베르메르가 특별한 장치를 이용해서 그림을 그린 것으로 추측했는데, 최근 넷플릭스 시리즈에 그것을 검증하는 과정을 담은 다큐멘터리 〈팀스 버미어*Tim's Vermeer*〉가 공개되었다. 베르메르의 그림은 엑스레이로 살펴봐도 밑그림 혹은 윤곽선이 나타나지 않았다고 한다. 마치 기름종이를 대고 그리는 것처럼 윤곽선 없이 채색이 시작되었고 채색하는 단계에서부터 이미 정교함이 시작되었다는 것이다. 이것을 주의 깊게 관찰한 사람들은 그가 일종의 카메라

옵스큐라camera obscura를 이용해서 대상을 그렸을 것으로 추측한다. camera obscura라는 카메라의 원리가 되는 대상이 작은 구멍을 통과하면서 거꾸로 상이 맺히는 어두운 공간을 의미한다. 상이 맺히는 것을 보면서 그림을 그린다면 훨씬 더 정확하게 그릴 수 있게 되는 것이다.

프랑스의 포스트모더니즘 철학자인 롤랑 바르트Roland Barthes는 『카메라 루시다*Camera Lucida*』라는 제목으로 사진에 대한 자신의 에세이를 책으로 펴낸 적 있다. 국내에는 『밝은 방』이라는 제목으로 번역되었다. 하지만 camera lucida는 camera obscura와는 좀 다른 방식으로 이미지를 그릴 때 사용된다. lucida라는 말이 밝은 빛을 의미하는 것처럼 카메라 루시다는 어두운 공간이 따로 필요하지 않다.

베르메르는 바로 이 카메라 루시다와 비슷한 장치를 이용한 것으로 여겨진다. 다큐멘터리를 주도한 팀은 베르메르가 그렸던 방식을 유추하여 베르메르의 그림 그리기에 도전한다.

예술가는 기술을 사용하면 안 되는 것인가? 기술을 사용하는 것은 일종의 속임수cheat라는 것이 대부분 사람들이 갖고 있는 생각일 것이다. 하지만 현대미술에 가까울수록 예술과 기술의 경계는 점점 허물어진다. 기술을 사용하지 않고서 제프 쿤스Jeff Koons가 스테인리스를 어떻게 구부릴 수 있었을 것이며, 데이미언 허스트Damien Hirst가 방부제 없이 어떻게 죽은 상어를 유리관 속에 보관할 수 있었을까?

영화 〈진주 귀걸이를 한 소녀〉에서 하녀가 베르메르의 아틀리에atelier를 청소하는데, 유독 유리창에 쌓인 먼지를 닦지 않는다. 베르메르가 이유를 묻자 빛이 달라질 것이 염려되었다고 대답한다. 베르메르는 사랑에 빠지고 만다.

그리스 신화에는 키메라chimera라는 괴물이 등장한다. 역시 그리스 신화에 등장하는 티폰과 에키드나의 딸이다. 보통 키메라는 두 종류 이상의 괴물이 합쳐져 있는 형상으로 등장한다. 덕분에 현대 의학에서 키메라는 두 개 이상의 서로 다른 종류의 세포를 갖고 있는 생물체를 지칭하기도 한다. 물론 카메라나 굴뚝과는 관계가 없다.

39

치명적 자아도취가 남긴 수선화, 『상실의 시대』에도 있었네

〈나르코스Narcos〉와 자아도취narcissism

그리스 신화에 등장하는 나르키소스Narcissus는 치명적인 자기애로 인해 파멸에 이른 미소년에 대한 이야기다. 죽음에 이를 정도로 자신에게 빠져 버린 자아는 나르키소스라는 이름을 자기애의 또 다른 명칭으로 만들었다. 나르키소스는 자신에게 중독된 사랑의 치명적인 위험을 경고한다. 비록 나르키소스는 자기애의 늪에 빠져 살아남지 못했지만 나르키소스의 이름은 중독을 의미하는 영어 단어에 여전히 살아 있다. 영어로 중독이나 마취 성분이 있는 것은 narcotic하다고 하기 때문이다.

나르키소스는 자신을 사랑하는 요정들에게 무정하고 잔인하게 대했다. 나르키소스를 사랑하다 상처받은 한 처녀는 그 역시 대답 없는 사랑이 어떤 것인지를 깨닫게 해 달라고 복수의 여신 네메시스Nemesis에게 기도한다. 기도는 이루어졌고, 나르키소스는 물에 비친 자신을 사랑하게 된다.

사냥을 하던 나르키소스는 물을 마시려 샘을 찾는다. 그리고 샘물을 마시기 위해 고개를 숙이는 순간, 물에 비친 자신의 모습에 반하고 만다. 나르키소스는 물속에 투영된 자신의 이미지에 사로잡혀 물가를 떠나지 못한다. 아무리 물속의 자신에게 말을 걸어 보아도 대답이 없다. 결국 나르키소스는 물속의 자신과 사랑에 빠진 채 자신에게 응답하지 않는 자신을 열렬히 사모하다 죽게 된다.

나르시시즘narcissism은 나르키소스의 자기도취, 극단적인 자기애로부터 비롯된 말이다. 신화에 따르면 나르키소스가 죽고 난 자리에 홀연히 꽃 하나가 피어났는데, 그의 이름을 따라서 나르키소스라고 불렀다. 이 꽃에는 생물학적으로 인간의 감각을 마비시키는 성분이 있어서 꽃의 성분을 취하면 마약을 했을 때와 유사한 효과가 나타난다고 한다.

마약 성분을 나타내는 말 narcotic은 narcissus와 동일한 어원을 갖고 있다. narcosis는 마비를 의미하고, narcotic은 마취약, 수면제와 관련한 단어이다. narcolepsy는 졸음증을 의미하며, narco-로 시작되는 단어들은 대부분 감각적 마비나 최면 혹은 마약과 관련한 의미를 갖고 있다.

영어의 형용사 narcotic은 마취의 효과가 있는이라는 의미를 갖지만, 명사로는 마약류를 의미한다. 마약이라는 의미로 사용되기도 하는 narcotic은 수선화와 관계가 깊다. 수선화의 영어 명칭은 narcissus라고 한다. 두 단어를 놓고 보면 스펠링이 닮았다.

〈나르코스*Narcos*〉라는 넷플릭스 시리즈가 있다. 콜롬비아를 배경으로 미국의 마약단속국Drug Enforcement Administration 요원과 마약왕drug kingpin 파블로 에스코바르 사이에서 벌어지는 사건을 다루는 액션영화다. 마약왕은 drug lord, drug baron, kingpin 등으로 불린다. Kingpin은 볼링bowling에서 가운데의 5번 핀pin을 말한다.

마약drug은 인간을 옭아매는 가장 벗어나기 힘든 덫snare과 같다. 어원이 덫이나 올가미를 의미하는 snare와 관계가 있다는 주장은 그래서 더욱 설득력이 있다. 비록 근거는 불분명하지만 snare에 보이는 nar-는 자기도취의 의미를 핵심으로 갖고 있다. 마약은 아니지만, 지나친 자기도취는 분명 인생의 큰 덫이 될 수 있을 것이다. 덫은 또 다른 영어 표현으로는 trap이다. 치즈 한 조각이 올라간 쥐덫the mousetrap은 가장 대표적인 덫의 이미지다.

『쥐덫*The Mouse Trap*』은 추리 소설의 여왕 아가사 크리스티Agatha Christie의 대표작 중 하나다. 젊은 부부가 운영하는 하숙집에 숙박 손님들이 몇 명 찾아온다. 그리고 살인사건이 일어날 것을 예고하면서 경찰이 들어오고, 때맞춰 내린 폭설에 저택은 외부로부터 완전히 고립되고 만다. 폭설에 쌓인 저택은 외부와 단절된 채 살인자를 찾는 아슬아슬한 게임장이 되고 만다. 그 와중에 또다시 살인사건이 저택에서 벌어진다. 범인은 저택에 모인 사람들 중 한 사람이다.

이 작품은 연극으로 각색되어 영국은 물론 해외 여러 나라에서 아직까지도 공연이 이루어지고 있다고 한다. 특히 영국에서는 런던의 웨스트엔드 극장West End Theater에서 1952년부터 2020년 코로나로 중단될 때까지 공연을 계속해 왔다고 한다. 그리고 잠시 중단된 공연은 다시 2021년부터 재개되었다고 한다.

작품의 제목에 등장하는 "쥐덫"은 셰익스피어의 『햄릿』과 관계가 있다. 햄릿은 아버지를 살해한 것으로 의심되는 숙부에 대한 심증을 확인하기 위해 극중극을 기획한다. 햄릿의 극중극을 관람하던 중, 마음이 불편해진 숙부 클로디우스는 햄릿에게 연극의 제목이 뭐냐고 묻자, 햄릿은 "쥐덫"이라고 대답한다. 햄릿의 극중극의 원래 제목은, 〈곤자고의 살인*The Murder of Gonzago*〉였다. 크리스티의 『쥐덫』에는 비슷한 복선의 역할을 하는 세 마리 눈먼 쥐라는 짧막한 노래가 등장한다.

비록 살인사건을 소재로 하고 있지만, 살인 자체에 대한 공포스러운 묘사나 비인간적인 폭력은 거의 등장하지 않는다. 살인은 소재로만 등장할 뿐이다. 현대극으로 오면서 폭력과 살인의 재현양상은 정말 공포스러울 정도로 생생해졌다. 점점 더 화끈한 스펙터클을 보고 싶어 하는 관객의 기대에 부응하는 특수효

과는 정말 끔찍할 정도로 사실적인 것이 되었다.

크리스티는 최고의 아이디어를 설거지washing the dishes할 때 주로 얻는다고 했다. 작가들은 종종 특별한 방식을 통해 영감을 얻거나 글을 쓴다. 헤밍웨이는 서서 글을 썼다고 하고, 트루먼 커포티는 침대에서 글을 쓰는 것을 좋아했다고 한다. 〈억척어멈과 그 자식들〉, 〈코카서스의 백묵원〉 등의 작품으로 유명한 베르톨트 브레히트는 술집에서 글을 썼다. 어느 시점까지 술은 문학과 매우 가까웠다. 헤밍웨이를 비롯해 『위대한 개츠비*The Great Gatsby*』를 썼던 스콧 피츠제럴드, 『길 위에서*On the Road*』를 썼던 잭 케루악 등은 술을 좋아하고, 또 많이 마시는 작가의 목록에 항상 등장한다.

수선화를 지칭하는 또 다른 말로는 daffodils라는 말도 있다. 영국의 낭만주의 시인 윌리엄 워즈워스는 한국에서 가장 널리 알려진 영미권 시인 중 한 사람이다. 그의 「나는 구름처럼 홀로 떠돌았네」라는 제목의 시는 가장 대중적으로 알려진 작품 중 하나라고 할 수 있다. 주인공은 구름처럼 정처없이 계곡과 언덕을 떠돌다가, 한 무리의 수선화를 발견한다. 그리고 끝도 없이 펼쳐져 있는 수선화들의 하늘거림 속에서 고독의 축복을 깨닫는다.

계곡과 언덕 위를 흘러 떠도는 구름처럼
나는 정처 없이 지나다가 우연히 보았다.
호숫가 나무 아래 미풍에 하늘거리는
시야 가득 펼쳐져 있는 한 무리 황금빛 수선화를.
I wandered lonely as a cloud
That floats on high o'er vales and hills,
When all at once I saw a crowd,
A host, of golden daffodils;

daffodils가 등장하는 가장 아름다운 노래는 캐롤 키드Carol Kidd의 〈일곱송이 수선화*Seven Daffodils*〉라고 생각한다.

나는 집도 없고, 땅도 없고,
손에 달러 한 장 없어요
하지만,
당신에게 천 개의 언덕 위로 떠오르는 태양을 보여 줄 수 있고
당신에게 키스와 일곱 송이 수선화를 드릴 수는 있습니다

I may not have mansion, I haven't any land
Not even a paper dollar to crinkle in my hands
But I can show you morning on a thousand hills
And kiss you and give you seven daffodils
...

무라카미 하루키의 소설 『상실의 시대』에 이 노래가 등장하는 것은 이 글을 쓰면서 알았다. 물론 내가 소설을 읽었을 당시엔 미디어 환경이 좋지 않아서 노래를 듣기가 쉽지 않았을 것이긴 했겠지만.

40

챈들러!
샹들리에에는 왜 올라간 거야?

챈들러Chandler와 샹들리에chandelier

영어권에서 사용하는 이름에는 직업에서 유래한 것들이 많다. baker는 빵 굽는 사람, Smith는 blacksmith(대장장이), Carpenter는 carpenter(목수) 등에서 유래를 찾아볼 수 있다. 영국의 윌리엄 셰익스피어William Shakespeare도 역시 직업에서 유래한 성을 갖고 있었다. 셰익스피어Shakespeare라는 이름은 창spear을 휘두르는shake 사람, 칼잡이 혹은 창 던지기 등과 관련한 직업에서 유래했다고 한다. 셰익스피어가 직접 창을 던지는 일은 하지 않았겠지만, 창처럼 뾰족하고 날카로운 펜을 휘둘러서 역사에 길이 남았다.

유명한 미국의 티비 시리즈 〈프렌즈*Friends*〉에는 서로 친한 6명의 남녀 주인공이 등장한다. 모니카Monica, 피비Phoebe, 레이첼Rachel, 로스Ross, 조이Joy 그리고 챈들러Chandler가 그들이다. 아마도 〈프렌즈〉에 등장하는 친구 중에서 평범한 중산층 백인에 가까운 인물은 챈들러라고 할 수 있을 것이다. 사랑과 직업, 교육 수준 등 챈들러는 다른 두 친구 조이Joy나 로스Ross와는 달리 평균적인 삶의 안정을 구가하는 인물이다. 게다가 가장 안정적으로 결혼생활을 꾸려 가는 인물이기도 하다.

한때, 〈프렌즈〉를 보면서 영어 공부를 하는 유행이 있었다. 이후로 미국의 드라마는 영어 공부의 가장 훌륭한 교재로 활용되기 시작했다. 많은 경우, 공부의 목적이 드라마의 재미로 대체되긴 했지만, 여전히 드라마를 이용해서 영어 공부를 하는 사람들은 주변에 많은 편이다.

챈들러Chandler라는 이름은 양초candle와 관계가 깊다. 아마도 챈들러라는 이름은 양초를 파는 사람으로부터 유래했을 것이다. candle의 스펠링은 chandle과 비슷하다. 'c'와 'ch'는 많은 경우 같은 어원에서 기원하는데, 스펠링의 차이는 크게 중요하지 않다. 소리가 중요하다. 같은 소리로 실현된다면, 어원에서 관계가 있을 확률이 높은 것이다.

Chandler라는 이름이 초와 관계가 깊은 것은 샹들리에chandelier를 생각해 보면 더욱 확실해진다. 화려하고 고급스러운 조명의 대명사라고 할 수 있는 샹들리에는 마치 대저택이나 왕궁처럼 천정이 높은 곳에 매달려 조명을 예술의 경지로 만들어 준다. 지금은 전구를 이용한 샹들리에를 사용하지만, 과거 전기가 없던 시절에는 촛불을 끼워서 사용했다. chandelier라는 이름은 이것을 위해 candlestick(촛대) 여러 개를 한데 모아서 사용하던 것에 기인한다. chandelier의 chandle-은 candle과 같은 어원을 갖고 있다.

호주의 가수 시아Sia의 노래 〈샹들리에〉는 흥겨운 멜로디와는 다르게 사랑을 갈구하며 내면의 공허를 채우려고 발버둥 치는 젊은이의 이야기다. 화려한 파티에 등장하는 샹들리에를 타고 허공에 몸을 맡기고, 마치 내일이 없는 것처럼 질펀하게 춤추고 마시면서 파티를 즐긴다는 내용이다.

"내일이 없는 것처럼,
나는 샹들리에 위에서 살거야.
밤하늘을 나는 새처럼 하늘을 날면
뺨 위로 흐르는 눈물이 말라 가는 것을
느낄 수 있을 거야"
From the chandelier
I'm gonna live like tomorrow doesn't exist
Like it doesn't exist
I'm gonna fly like a bird through the night
Feel my tears as they dry

I'm gonna swing from the chandelier

노래의 가사는 특별한 수식이나 비유 없이 욕망과 상처 그리고 치유의 과정을 아주 명민하게 묘사하고 있다. 현대 영미 시의 강의계획서syllabus는 팝의 노랫말로만 채워도 차고 넘칠 것 같다. 어쨌거나, 화려한 샹들리에로 대변되는 향락과 즐거움의 밤이 지나고, 결국 다음 날이 되면 몰려오는 죄책감과 공허감에 괴로워한다.

해가 뜨면, 난 엉망진창이야

Sun is up, I'm a mess

샹들리에 혹은 촛불은 어떤 면에서 삶의 공허함을 묘사하는 상징으로 자주 사용되기도 한다. 셰익스피어의 유명한 비극, 『맥베스*Macbeth*』의 유명한 구절은 촛불과 인생의 절묘한 비유로 시작한다.

"꺼져라, 꺼져라, 덧없는 촛불아! 인생은 고작 걸어 다니는 그림자에 불과한 것. 무대 위에서 뽐내며 걷다가도, 초조해하는 불쌍한 배우의 목소리는 연극이 끝나면 더는 들리지 않네. 인생은 백치가 지껄여 대는 이야기. 소리와 분노로 가득하지만 아무것도 의미하지 않는 이야기."

"Out, out, brief candle! Life's but a walking shadow, a poor player that struts and frets his hour upon the stage and is heard no more. It is a tale told by an idiot, full of sound and fury, signifying nothing."

미국의 현대 소설가 윌리엄 포크너의 대표작이라고 할 수 있는 『소리와 분노*Sound and Fury*』의 제목은 바로 이 구절에 등장하는 "Sound and Fury"에서 가져왔다. 흔한 단어일 뿐인데, 그 단어의 출처가 드러나는 순간 의미가 한층 깊어지는 것 같다. 독자는 출처에 해당하는 작품의 의미까지 염두에 두어야 하기 때문이다.

20세기 초 영국의 소설가 올더스 헉슬리의 『멋진 신세계*Brave New World*』 역시 제목을 셰익스피어의 마지막 희곡, 〈템페스트*The Tempest*〉에서 가져왔다. 극 중 프로스페로의 딸 미란다가 외부에서 온 사람들을 보고 이렇게 말한다.

"아, 놀라워라!
이곳에 이렇게 훌륭한 사람들이 많다니.
인간은 얼마나 아름다운가?
오, 멋진 신세계.
그곳에도 이런 사람들이 살고 있었구나."

"Oh, wonder!

How many goodly creatures are there here!

How beauteous mankind is!

O brave new world, that has such people in it!"

세상으로부터 고립되어 섬에서만 살아온 미란다는 외부의 사람들을 처음 만나게 된다. 바깥세상에도 아름답고 선한 사람들이 살고 있었다는 것에 놀라는 장면이다. 그런 의미에서 미란다가 "멋진 신세계"라고 말했을 때는 분명 낙관적이고 희망적인 의미가 담겨 있었을 것이다. 그녀는 멋진 페르디난도 왕자와 사랑에 빠지기 때문이다.

헉슬리의 『멋진 신세계』는 매우 디스토피아적인 미래를 그리고 있다. 우생학이 지배하는 미래 세계, 자연적인 출산이나 사랑이 사라진 시대를 배경으로 하며 고도로 문명화된 사회 속에서 자연적인 것과 인간적인 것이 사라져 가는 내용을 그리고 있다. 그런 의미에서, 『멋진 신세계』는 셰익스피어의 희망적인 문구를 매우 역설적으로 사용한 셈이다.

고전으로부터 작명의 힌트를 얻는 것은 문학세계에만 국한되지 않는다. 짐 모리슨이 활동했던 밴드의 이름은 도어스Doors였다. 문이라는 지극히 평범한 단어를 사용하는 데 굳이 출처가 필요할까 싶지만, 그래도 짐 모리슨은 그 "문"이라는 단어를 영국의 낭만주의 시인 윌리엄 블레이크의 시에서 비롯되어 헉슬리의 책에서 사용된 단어로부터 가져왔다. 문맥상 인식의 문The doors of perception이라는 수식어가 있었지만, 문이라는 단어만 가져왔다. 비록 관객들에겐 보통명사 문이지만, 유래를 알고자 하는 사람이나 밴드 멤버들에겐 단어의 출처로부터 생겨나는 심오한 정신세계의 아우라가 느껴질 것이다.

41

내술네바: 내가 붙이면 예술이고, 네가 붙이면 바나나야

로망스romance와 소설novel

내로남불과 같은 기괴한 방식의 조어가 일상적인 현상이 되어 간다. 안타깝다고 생각하지는 않는다. 언어는 살아 있는 것이고, 변화하며 또 진화한다. 하지만 그것이 항상 사람들이 원하는 방향으로 나아가는 것은 아니다. 몇몇 사람들은 언어를 가감하고 유도하며 통제하려고 한다. 하지만 언어는 인위적으로 통제하려고 할 때 언어적인 차원을 뛰어넘는 부작용을 만들기도 한다. 언어의 변화는 비록 당장은 마음에 들지는 않더라도, 그대로 둔다면 그것은 또 그것대로 발전하고 진보할 것이다.

어쨌거나 내로남불과 같은 현대식 사자성어에서 사용된 로맨스romance는 불륜과 대비되는 순수한 남녀 간의 사랑을 의미하기 위해 쓰였을 것이다. 로맨스 혹은 로맨틱이라는 말은 열정적passionate이고 글래머러스glamorous한 남녀관계를 연상시킨다. 사랑에는 가식이 없다. 그래서 때로 열정적인 사랑은 세련된 것과 거리가 멀 때가 많다.

romance에는 본래 천박vulgar하거나, 상스럽다secular라는 의미도 있었다. 도덕과 윤리로 무장한 사람들에겐, 뜨거운 사랑이 천박한 것으로 여겨졌을 수도 있다. 19세기 빅토리아시대, 위선적인 도덕으로 무장했던 사람들은 섹스 이야기만 하는 프로이트를 상스럽다고 생각했었다.

상스럽다는 의미와는 별도로, 로맨스라는 말은 본래, 이야기story 혹은 서사narrative를 의미하는 말이었다. 로만Roman이라는 말은 흔히 말하는 남자들의 "로망", 여성들의 "로망"이라고 할 때 사용되는 로망과는 관계가 없다. 쉽게 유추할 수 있듯이, Roman은 고대 로마와 관계가 있는 말이다. 로마에서 사용되던 라틴어의 영향을 받은 여러 언어를 로만어Roman language라고 부른다.

한국에서 로망은 일종의 희망사항을 의미한다. 재미있는 것은 로망과 낭만은 모두 같은 단어에서 파생된 말인데 한국어에서는 용법이 달라졌다. 낭만이라는 말은 근대화 시기 일본이 서구의 개념어들을 대대적으로 번역하면서 생긴 말이다. 이때, 자유, 사회, 철학, 개인, 권리 등 현재의 한국어에서도 거의 필수적인 개념들이 일본식 한자어로 생겨났다.

로맨티시즘Romanticism은 낭만주의浪漫主義로 번역된다. 한자어 낭만浪漫의 일본어 발음은 '로망ロマン'이라고 한다. 일본어에서 낭만은 그 발음과 의미가 적절하게 맞아떨어지는 번역이 이루어졌다. 신상목 기리야마 본진 대표에 따르면, 이 번역은 romanticism의 의미와 소리까지 고려해서 일본의 대표적인 작가 나쓰메 소세키가 아주 섬세하게 선택한 결과라고 한다. 하지만 동일한 한자임에도 한국에서는 읽는 소리가 다르므로, 로망은 한국에서 낭만이 되었다.

romance는 언어를 지칭하는 의미를 넘어 문학적인 의미로까지 확장되어 이야기, 소설, 서사를 의미하게 된다. 17세기 대부분의 로맨스 소설에 등장하는 이야기는 주로 모험과 환상, 그리고 사랑 이야기가 주를 이루고 있었다. 덕분에, 로맨스라는 말은 장르를 의미하는 말에서 사랑과 같은 판타지 이야기를 의미하는 말로도 사용되게 된다.

독일에서 교양소설을 흔히 빌둥스로만Bildungsroman이라고 한다. 괴테의 『빌헬름 마이스터의 수업시대』, 찰스 디킨스의 『데이비드 커퍼필드』가 대표적인 작품이라고 할 수 있다. 독일어 Bildungsroman은 그림bildung과 이야기roman라는 의미로 구성된 말이다.

영미문학의 전통에서 로망스는 중세를 거쳐서 19세기까지도 이어져 온다. 사실주의적인 소설에 대비되어, 로망스는 환상과

기이함과 신기한 사건들을 중심으로 구성된 소설이라는 의미를 갖게 된다.

샬롯 브론테의 『제인 에어』는 이미 전공자뿐만 아니라, 일반 대중들에게 널리 알려진 고전이자 대표적인 로맨스라고 할 수 있다. 『제인 에어』는 여러 면에서, 당시의 전형적인 여성과는 다른 독립적이며, 자신의 주장이 분명한 여성의 모습을 보여 주었다.

또 한 편의 대표적인 로맨스, 『주홍글씨』 역시 헤스터 프린이라는 여성 주인공을 그리고 있는데, 공교롭게도 두 작품의 시기가 서로 비슷하다. 『제인 에어』는 1847년, 『주홍글씨』는 1850년에 각각 출판되었다. 어쩌면 로맨스라는 장르를 통해, 단순히 환상과 판타지뿐만 아니라, 여성의 새로운 모습을 그리는 것도 함께 시도된 것일지 모르겠다. 혹은 그런 여성의 모습이 판타지라고 여겨질 만큼, 당시 여성의 사회적 처지는 열악했을 것으로 생각해 본다.

20세기 프랑스에서는 새로운 형식의 소설이라는 의미의 누보로망nouveau roman이 새로운 경향으로 등장했다. 기존의 전통적인 서사와 형식을 벗어나, 새로운 소설의 형식을 추구하려고 한 사조라고 할 수 있다. 알랭 로브그리예Alain Robbe-Grillet는 대표적인 작가라고 할 수 있다.

누보로망의 작가들은 기존의 선형적인linear 스토리와 플롯을 벗어나, 개인의 감각과 기억 그리고 주관적인 경험에 초점을 맞추게 된다. 실험적인experimental 기교와 애매모호함, 불확실성 등 때문에 작품을 읽기는 훨씬 더 어려워졌지만, 이후 포스트모더니즘postmodernism을 형성하는 데 많은 영향을 주었다고 한다.

어떤 의미에서 포스트모더니즘은 옛것의 새로운 발견이라고 할 수 있다. 20세기 후반, 새로운 문학의 형식과 장르를 시험했다고 하지만 과거의 문학에도 충격적이고 실험적인 작품은 늘 있었다. 시간이 흐르면 새로운 것은 옛것이 되고, 도전과 모험은 틀에 박힌 일이 된다. 실험정신은 클리셰가 되고 전복과 전위는 또 다른 전통이 되는 것이다.

전위avant-garde는 시대가 지나면 새로운 전통convention이 된다. 하지만 애초에 장구한 문학의 세계에 정말 새로운 것이 가능한 일인지 모르겠다. 새것이라는 꼬리표를 달고 나와도, 어느 정도의 소비가 끝나고 나면 다시 흐지부지해지는 것이 예술의 흐름이 아닌가 싶다.

20세기의 가장 널리 알려진 전위는 아마도 마르셀 뒤샹의 〈샘〉일 것이다. 동네 철물점에서 남성 소변기를 사다가 자기 이름도 아닌 엉뚱한 이름으로 서명을 한 뒤 예술작품이라고 출품을 했더니, 역사에 길이 남는 이정표가 되었다. 이후 현재까지도 이런 전위의 시도는 종종 이루어지고 있는 듯하다.

지금까지 이런 전위가 반복되고 있는 것은 어쩌면 예술의 극심한 인플레가 아닐까 싶다. 마우리치오 카텔란이라는 이탈리아 작가의 전시회가 한국에서 열리고 있다고 한다. 재미있는 여러 작품이 있지만, 그중 〈코미디언〉이라는 이름의 작품(?)이 화제가 된 바 있다. 이것은 전시회장 벽에 덕트 테이프로 바나나 하나를 붙여 놓은 것이라고 한다.

이 작품은 심지어 팔리기까지 했다. 뭘 팔았다는 건지 모르겠지만, 기사에는 "그게" 12만 달러, 그러니까 약 1억 5천만 원에 팔렸다고 한다. 작가가 처음 작품의 의미로 "그걸" 벽에 붙일 때, 바나나는 30센트였다고 한다. 이번 한국 전시 중에 그걸 또 누군가가 집어먹은 것이 가십거리가 되었다. 설치된 바나나를 집어먹는 해프닝은 이전에도 종종 있었다고 한다. 차라리 원숭이를 데려가서 먹게 했다면 좀 더 재미있는 스캔들이 될 수 있었을 것이다.

카텔란은 현재 가장 돈을 잘 버는 예술가 중 한 사람이 되었다. 가난한 집에서 태어나 정규 교육조차 제대로 받지 못했던 그가 어떻게 하면 가장 편하게 돈을 벌 수 있을까 고민하다가 선택한 직업이 예술가였다고 한다.

42

파멜만이 영사기를 돌리면 은막 위로 운명이 흐른다

타로tarot와 헬리콥터helicopter

타로tarot가 유행이다. 많은 사람들이 자신의 운명, 미래를 살펴보기 위해 타로로 점을 친다. 타로는 다른 이름으로 불리기도 한다. tarot가 현재 쓰이는 영어 표현이지만, 이전에는 taro 혹은 rota 등의 이름으로도 불렸다고 한다. 타로를 대표하는 이미지라면 아무래도 운명의 수레바퀴wheel of fortune라고 할 수 있다.

운명의 수레바퀴 이미지의 상하좌우에는 천사, 독수리, 소, 사자 등의 모습이 그려져 있다. 타로의 가장 중요한 상징이라고 할 수 있는 물, 공기, 흙, 불을 의미한다. 꼭대기에는 스핑크스 그리고 바퀴의 아래쪽에는 아누비스의 모습이 그려져 있다. 바퀴의 상징은 끊임없이 지속되는 변화와 순환, 반복과 회전이다.

바퀴가 굴러갈 때, 바퀴는 한자리에만 머무르지 않으므로 높은 곳에 올랐다면 다시 낮은 곳으로 이동하게 된다. 이것에 착안해서 사람들은 인간의 운명도 좋을 때가 있고, 안 좋을 때가 있는 것으로 유추했을 것이다.

수레바퀴가 돌아가는 것처럼 영어 단어 rotate는 돌아가다, 순환하다라는 것을 의미한다. 이 단어는 tarot를 지칭하는 예전 단어 rota와 관계가 있다. rotate에서, rota를 거쳐서 tarot에 이르기까지 모두 부분적으로는 tarot와 비슷한 형태를 보인다. 순환과 회전이라는 의미에서 로테이션[rotation]이라는 말은 이미 한국에서도 일상적으로 많이 사용하는 말이 되었다.

비행기에는 프로펠러[propeller]가 달려 있다. propeller는 앞으로[pro-] 밀어내다[pelle]라는 뜻이다. pro-는 앞을 의미하고, pel-은 영어의 drive처럼 밀다, 추진하다, 밀어내다 등의 의미가 담겨 있다. 선풍기 날개[fan]와 같이 생긴 것으로 빠른 속도로 회전하면서 추진력을 만들어 내고, 그 힘으로 양력을 만들어서 하늘을 날게 한다. 따라서 비행기는 앞으로 날아가는 것이 주된 기능이라고 할 수 있다. 쫓아내다라는 의미의 pel-은 dispel(쫓아내다), expel(추방하다), repel(거부하다) 등의 단어에서 보인다.

헬리콥터에는 애매하게 비슷하지만 이것보다 훨씬 큰 것이 달려 있다. 흔히 헬리콥터에 달린 그것을 가리킬 때도 프로펠러라고 하는 경우가 많다. 하지만 영어로는 프로펠러라고 하지 않는다. 영어로는 rotor blade가 좀 더 정확한 표현이다. rotor blade는 앞선 rotate 혹은 타로의 운명의 수레바퀴처럼 돌아가는 날개를 의미한다. 기능적으로 비행기의 프로펠러와 비슷한 것처럼 보이지만, 헬리콥터의 rotor는 동체를 수직으로 올리는 기능을 한다.

앞으로 추진하다propel에는 운동의 방향성이라는 의미가 이미 들어 있기 때문에, propeller라는 단어는 수직으로 상승하는 헬리콥터의 운동성을 만들어 내는 도구로서 적합한 이름이 아니다. 그래서 헬리콥터의 경우 회전을 한다는 의미의 rotor가 더 적절해 보인다.

앞을 의미하는 접두사 pro-는 prospect(전망), preface(서문), prophet[예언(앞날을 맞추기)] 등에서 쉽게 살펴볼 수 있다. 앞일을 내다보는 예언자라는 뜻의 prophet은 앞을 의미하는 pro-와 말하다라는 의미를 갖고 있는 -phet으로 구분된다. 말하다라는 뜻의 phet는 많은 단어에서 ph 혹은 f- 소리로 나타난다. 대표적으로 전화를 가리키는 phone은 본래 소리를 의미하였고, 여기서 소리는 사람이 말하는 소리를 의미하였을 것이다. 본래는 사람이 말하다라는 의미에서 소리라는 의미로 파생되었다.

아주 어린 유아는 영어로 infant라고 한다. 단어 자체를 분석해 보면, in은 부정의 접두사이고, fant의 핵심인 fa-는 말하는 것을 의미한다. 그래서 infant는 어원적으로 말을 못 하다라는 의미라고 할 수 있다. 유아는 아직 말을 배우기 전의 어린아이라는 의미가 고스란히 담겨 있다. 말하다라는 뜻이 f로 실현되는 경우는, 우화를 의미하는 fable이나 운명을 의미하는 fate과 같은 단어에서도 살펴볼 수 있다. 그리스 신화에서 종종 운명은 신탁oracle이라는 말로 전해진다.

스티븐 스필버그의 자서전적인 영화의 제목은 〈파벨만스*The Fabelmans*〉이다. 영화를 보지는 않았지만, 제목만으로도 역시 스필버그는 이야기꾼이라는 생각이 들었다. 자신의 자서전적 영화의 제목에 파벨만이라는 이름을 넣었을 만큼 그는 이야기fable를 좋아하는 사람man인 셈이다. 파벨만이라는 이름은 아마도 영화를 위해 지어낸 것으로 생각된다. 스펠링의 위치를 살짝 바꾸면 영화 제목의 의미가 도드라진다. 영화를 보게 되면, 더 분명한 의미를 알게 될지도 모르겠다.

거짓말은 때로 훌륭한 이야기fable다. 그래서 뭔가가 거짓말 같이 정말 훌륭하다면, 종종 fabulous라는 형용사를 쓰기도 한다. fantastic, marvellous 등과 비슷하게 쓰일 수 있다. 멋지고 훌륭하고 대단한 것들에 대한 형용사들이다.

2016년 영화 〈캡틴 판타스틱〉은 극단적인 대안학교 혹은 홈스쿨링에 대한 매우 진지한 고민이 반영된 영화라고 할 수 있다. 비인간적인 경쟁을 강요하는 교육제도와 정교한 자본주의 시스템에 반기를 들었던 아버지는, 제도권에서 아이들을 키우지 않기로 한다. 그는 자연 속에서 가정이라는 학교를 통해 아이들을 교육한다. 아이러니하지만, 엄마와 아빠 모두 그럴 수 있을 만큼 제도권에서 엘리트 교육을 받았던 사람들이었기 때문에, 충분히 홈스쿨링이 가능했던 것이다.

여기에서 역설적인 것은, 엘리트 과정을 밟았던 부모가 아이들에게는 자신들의 길을 걷게 하고 싶지 않아서 사회와 교육 시스템으로부터 벗어나려고 했다는 것이다.

19세기 미국의 소설가 허먼 멜빌은 『모비 딕』이라는 불후의 명작을 남겼다. 주인공 이슈마엘은 바다에서 고래를 잡으면서 세상을 배운다. 이슈마엘에겐 바다가 온통 지식의 보물창고와 같았다. 그는 여러 경험을 하게 해 준 포경선이 바로 자신에겐 예일대학이고 하버드라고 선언한다.

아이들에게도 자연은 곧 학교이자 놀이터다. 꾸준히 운동하며 심신을 단련하고, 칼과 화살로 야생 동물을 잡아먹으며 생활해 나간다. 아이들은 스스로 읽고 싶은 책을 읽고 자유롭게 토론하며 올바르게 성장한다. 그러던 어느 날 투병 중이었던 엄마의 죽음 소식이 들려온다. 절망에 빠진 가족들은 엄마의 마지막 유언을 지키고자 문명의 세계 속으로 모험을 떠난다.

엄마의 마지막 유언은 자신을 화장한 후, 재를 공항 화장실에 버려flushing 달라는 것이다. 주인공과 사이가 좋지 않던 장인으로서는 자기 딸의 이런 터무니없는 유언이 지켜지도록 가만히 내버려둘 수는 없을 것이다. 돈 많고 사회적 지위와 권력을 갖고 있는 장인으로부터 아내(엄마)의 유언을 지키기 위해 남편과 아이들은 장인(할아버지)과 애정 가득한 투쟁을 시작한다. 그 과정 속에서 아이들은 사랑을 찾고, 할아버지와 소통하며, 자연 속에서 다져진 자신들의 능력을 문명 속에서 아낌없이 보여 준다.

아이비리그에 수월하게 합격할 만큼 똑똑한 재능을 갖고 있었지만, 사랑은 쉽지 않았다. 토론과 논쟁과 미국의 대학입학자격시험SAT에서 우수한 성적을 받았던 아들도 역시 사랑에 빠진다. 사랑은 배워서 하는 것이 아닌가? 혹은 배운 대로만 하려고 한 것이 문제였을까? 사랑은 쉽게 풀리지 않고, 아이들은 오해와 상처와 눈물 속에서 성장해 간다. 그리고 그 길 끝에서, 엄마는 바다로 떠난다.

43

베가본드가 부르는 보헤미안 랩소디

베가본드vagabond와 랩소디rhapsody

비극적인 결말로 유명한 『로미오와 줄리엣』은 흔히 말하는 셰익스피어 4대 비극에 포함되지 않는다. 4대 비극은 『맥베스』, 『오델로』, 『리어왕』, 『햄릿』이다. 『로미오와 줄리엣』은 결말에서 두 가문이 화해함으로써 고전적 비극의 범주에서 벗어나게 된다. 그래서 『로미오와 줄리엣』은 비극적인 결말을 갖고 있으면서도 동시에 희극의 요소도 함께 갖고 있는 것이다.

영어로 비극은 tragedy, 희극은 comedy라고 한다. tragedy는 염소와 관계가 있다. 비극이라는 말의 tragedy는 염소나 사슴을 의미하는 tragos와 노래와 시를 의미하는 oide(ode)가 결합한 단어다. 염소가 관계된 이유는 당시 비극을 공연하기 전에는 염소를 산 제물로 바치고, 공연이 끝나고 난 후에는 배우에게 염소를 제공했기 때문이라고 한다(고이즈미 마키오 지음, 『어원은 인문학이다』, 홍경수 옮김, 사람in, 2017). 결국 tragedy는 제물로 바쳐지는 염소의 노래goat song라고 할 수 있을 것이다.

comedy는 그리스어 κῶμος코모스, komos와 ode로 구성되어 있다. komos는 홍겨운 술잔치를 의미한다. 술잔치에서 부르는 노래라는 의미라고 볼 수 있다. 홍겨운 술잔치에서 부르는 노래이니만큼 해피엔딩으로 끝나는 이야기를 코미디comedy라고 부른다. 하지만 중세에 comedy는 다소 다른 의미로 사용되었다. 이 시기 comedy는 일반적인 의미에서 시나 서사, 이야기를 의미하는 단어로 사용되었다.

널리 알려진 단테의 『신곡』의 영어 제목은 『Divine Comedy』이다. comedy가 홍겹고 즐거운 희극이라고만 생각한 사람들에겐 제목이 혼란스러울 수 있다. 널리 알려져 있다시피, 『신곡』은 홍겨운 코미디와는 거리가 멀기 때문이다. 우리가 일반적으로 알고 있는 의미의 코미디, 즉 유머러스하고 우스꽝스러운 이야기를 지칭하는 말로 사용된 것은 16세기 이후부터라고 한다.

1321년경 완성된 『신곡』은 서양문학의 근원 중 하나라고 할 수 있다. 많은 후대 작가들은 『신곡』의 여러 구절로부터 다양한 영감과 주제를 찾아냈다. 『신곡』은 중세의 관점에서 사후세

계afterlife의 모습을 시인의 상상력으로 생생하게 보여 주었다. 작품은 세 부분으로 나뉘어 있는데, 「지옥편Inferno」, 「연옥편Purgatorio」, 「천국편Paradiso」이다.

tragedy, comedy에서 공통적으로 결합된 oide(ode)라는 말은 노래를 의미한다. 낭만주의시대엔 유명한 ode들이 많이 있다. 영국의 유명한 시인 셸리의 〈서풍부〉는 〈Ode to the West Wind〉이고 키츠의 〈멜랑콜리의 시〉는 〈Ode on Melancholy〉이다. 똑같이 ode라는 단어를 썼는데, 어떤 번역은 부賦로 번역하고 어떤 번역은 시詩로 번역한다. 부와 시 모두 중국문학에서 시의 장르에 속한다. 어느 시기까지 한자의 영향이 지대했던 탓에 예전의 번역에서는 시와 부라는 단어가 혼재했던 것 같다.

melody는 달콤한 노래라고 할 수 있다. melody는 노래를 의미하는 단어들로 결합되어 있다. melo-, ode- 둘 모두 노래song를 의미한다. 랩소디rhapsody와 패러디parody 등에서도 ode가 보인다.

패러디는 옆에 비껴서서para 노래하다ode라는 의미로 볼 수 있는데, 여기서 para는 다소 조롱의 의미가 섞여 있다. 원래 의미는 서툴게 흉내 내기 정도로 볼 수 있다. 지금은 일종의 풍자와 비판을 위해 사용되는 문화, 예술, 문학에서의 기교라고 할 수 있다. 패러디가 포스트모더니즘의 문화적 전략이었다면, 요즘은 밈meme이 대세라고 할 수 있다.

meme이라는 말은 리처드 도킨스가 『이기적 유전자*The Selfish Gene*』에서 사용한 용어였다. 이 단어가 처음 생겨날 때는 생물학적인 맥락을 의미했지만, 이후 사회, 문화, 정치, 경제 할 것 없이 다양한 분야에서, 특정한 개념이나 어떤 행동, 개인의 스타일 등이 모방되면서 반복 재생산되어 널리 퍼져 나가는 것을 의미하게 되었다. 밈meme의 어원은 말 그대로 모방하다라는 뜻을 갖고 있다. 그리스어 mīmēma에서 유래했다고 알려져 있으며, 모든 것panto-을 모방하다mime라는 뜻을 지닌 팬터마임pantomime의 명칭에 사용된 마임mime 역시 비슷한 어원을 갖고 있다. 기본적으로 모방하다imitate라는 뜻을 갖고 있다.

랩소디rhapsody는 바느질과 관계가 있다. rhap- 부분이 포함된 rhaptein에는 바느질하다, 엮다 등의 뜻이 있는데, rhapsodos는 여러 노래ode를 한데 엮는 사람이라는 뜻이 있다고 한다. 가장 유명한 랩소디는 밴드 퀸의 〈보헤미안 랩소디*Bohemian Rhapsody*〉일 것이다. 몇 년 전 개봉했던 영화 〈보헤미안 랩소디〉는 과거 퀸의 팬들에게 큰 향수를 불러일으키기도 했다. 대학입시 결과를 보러 가는 날 버스 안에서 우연히 퀸의 〈We are the champions〉를 들었던 기억이 있다.

보헤미안Bohemian이라는 말은 중부유럽 보헤미아 지방을 지칭하는 Bohemia에서 유래한다. 흔히 사회의 관습이나 제도에 구속되지 않는 자유로운 영혼, 자유분방한 예술가나 소설가, 지식인 등을 지칭하는 말로 사용된다. 은근히 지적인 허세가 느껴지는 말이기도 하지만, 실속만을 추구하는 속물적인 필리스틴philistine과 구별되는 말로도 사용된다. 영어로는 집시Gypsy라고도 하고, 또 방랑자를 의미하는 베가본드vagabond와도 비슷하게 사용되기도 한다.

최근 『슬램덩크』로 다시 주목받고 있는 일본의 만화가 다케이코 이노우에는 아직도 『베가본드』라는 제목으로 미야모토 무사시에 대한 연재를 계속하고 있다. 1998년 연재를 시작했다고 하니, 25년째인 셈이다. 『베가본드』라는 제목은 단순히 떠돌이 낭인이라는 의미에서 방랑자만을 의미하지 않는다. 베가본드라는 말은 보헤미안이라는 말과 의미상 중첩되는 부분이 있기 때문이다. 베가본드와 동일어처럼 사용된 보헤미안bohemian이라는 말에도 무사, 전사라는 의미가 포함되어 있다.

어원을 살펴보면, boia-에는 무사warrior라는 의미가 있고, hemian은 집을 의미한다. 집은 독일어로 heimat라고 하고, 영어로는 home이다. 공통된 요소가 보인다. 보헤미아Bohemia라는 단어에 집heimat, home이라는 의미가 있는 것이다. 보헤미안들이 떠돌이로 살 수밖에 없었던 것은, 그들이 역사적으로 이러한 무사집단, 전사들boia에 의해 집을 빼앗겨 떠돌이생활을 할 수밖에 없었기 때문일 것이다.

결국 외력에 의해 터전에서 쫓겨날 비운의 운명을 타고난 집단인 셈이다. 그들은 정주할 수 없이 떠돌 수밖에 없었고, 떠도는 삶에 규칙이나 규율은 효용이 적을 수밖에 없었을 것이다.

빅토르 위고의 원작을 바탕으로 한 뮤지컬 〈노트르담 드 파리〉에 등장하는 에스메랄다는 정말 아름다운 보헤미안이다. 그녀가 부르는 보헤미안의 노래 가사에는 이런 구절이 있다.

"집시에게 길은 멀다."

44

참호 위로 도요새 한 마리 날아오르고

도요새sandpiper와 스나이퍼sniper

클린트 이스트우드 감독의 작품으로 2014년에 개봉한 〈아메리칸 스나이퍼*American Sniper*〉는 아프가니스탄 전쟁에서 혁혁한 공을 세웠던 유명한 저격수 크리스 카일에 관한 영화다. 참전 후 카일은 미국으로 돌아와 사람들에게 사격을 가르친다. 하지만 그는 자신이 사격을 가르치던 학생에게 살해당한다. 영화는 실제 있었던 일을 바탕으로 만들어졌다.

흔히 저격수라는 의미로 사용되는 스나이퍼sniper는 도요새sandpiper와 관계가 깊다. 도요새는 워낙 민감하고 날렵한 동물이어서 총 쏘기 훈련을 위한 대상으로 많이 선택되었기 때문이다. 도요새는 영어로 sandpiper이지만 그 외 유럽에서는 snipe 혹은 이와 비슷한 형태로 명명된다. 독일어나 스웨덴어에서의 형태를 살펴보면 습지에 살고 있는 생태적인 습성이 반영된 듯 sandpiper라는 단어로 변형되어 사용된다. 말 그대로 모래sand 위를 걸어 다니면서 피리 소리piping note를 내기 때문이다. 현재는 도요새라는 명칭으로 sandpiper를 훨씬 더 많이 사용한다.

도요새를 사격 대상으로 삼은 것에서 유래한 스나이퍼sniper는 아주 정밀한 사격을 하는 사람을 뜻한다. 그런 의미에서 sharp-shooter라고 할 수도 있다. 샤프sharp는 날카롭다라는 뜻을 지녔지만, 정확하다라는 뜻으로도 쓰인다. 냉정하거나 지적인 인상을 풍기는 걸 가리킬 때도 사용되는 것 같다. 어떤 사람의 인상이 송곳같이 날카로우면, 흔히 샤프하다고 하지 않는가?

사람의 인상을 묘사할 때도 쓰이지만, 샤프라는 말은 아마 문구점에서 가장 많이 쓰이는 말일 것이다. 가공된 연필심이 자동으로 연장되는 류의 펜을 샤프sharp라고 부른다. 무딘 연필에 비해서, 가령 0.5mm 샤프는 훨씬 더 뾰족하다. 그리고 항상 "일관되게 뾰족한ever-ready sharp" 연필심이 제공된다.

영어로 sharpened pencil이라고 하면, 뾰족하게 깎여 있는 상태로 판매되는 연필을 의미한다. 샤프를 지칭하는 영어 단어는 메커니컬 펜슬mechanical pencil이다. 왠지 문구점에서 "메커니컬 펜슬 주세요" 하면 어색할 것 같다.

mechanical pencil을 의미하는 sharp라는 말은 일본의 대표적인 전자 회사 샤프Sharp의 이름과 같다. 축구나 다른 스포츠팀의 스폰서 문구로도 자주 등장하는 샤프라는 회사의 이름을 보면서 혹시 왜 샤프펜슬과 이름이 같은지 궁금해했던 사람들이 많을 것이다. 기업체 샤프의 기원은 샤프펜슬과 관계가 있다.

1912년, 일본의 하야카와 토쿠지라는 사람이 한 회사를 설립한다. 그는 일본에서 최초로 메커니컬 펜슬mechanical pencils을 발명했는데, 곧 그 물건을 대량으로 제작해서 판매하기 시작한다. 자신이 발명한 메커니컬 펜슬에 그는 "에버-레디 샤프ever-ready sharp"라는 이름을 붙여 판매했다. "ever-ready sharp"는 일본에서 크게 유명해졌고, 그 유명세를 빌려 아예 회사 이름 자체를 Sharp로 짓는다.

이후 많은 기업들이 그렇듯이, 회사 샤프는 여러 번의 변화와 부침을 겪는다. 컴퓨터와 카세트플레이어, 반도체, 노트북, 디스플레이에 이르기까지 다양한 전자제품을 만드는 회사로 변모했다. 물론 더 이상 샤프를 만들지는 않는다. 사업을 시작할 때 팔던 물건과는 전혀 상관없는 품목으로 아주 유명해진 회사는 또 있다. 널리 알려져 있는 정유회사 셸Shell이 대표적이다. 셸은 원래 조개껍질 무역을 하는 회사였다고 한다. 과거 사람들 사이에서 조개껍질이 인기가 많았을 때, 조개껍질 사업이 꽤 유망했던 모양이다. 조개껍질 사업이 나날이 번창하면서 회사가 커지자, 셸은 당시 새로운 분야였던 석유사업에도 손을 대기 시작한다.

그리고 자동차가 널리 보급되면서 덩달아 획기적으로 커진 석유 사업에서 엄청난 성공을 거두게 된다. 기업의 규모가 커진 만큼, 이제 자연스럽게 조개껍질 따위는 더 이상 취급하지 않게 되었을 것이다. 하지만 셸의 로고에는 회사의 뿌리를 상징하는 조개가 여전히 굳건하다.

의외로 shell은 조개와는 전혀 상관이 없는 총알의 탄피나 포탄을 의미하기도 하는데, 초창기 포탄의 생김새가 견과류 껍데기와 비슷했던 사실에서 연유한다고 한다. 그래서 전쟁에서 겪게 되는 충격을 shell shock이라고 부르기도 한다.

석유는 petroleum이라고 한다. 오일머니라는 말이 있는 것처럼, 석유는 흔히 oil로 표현되기도 한다. 석유는 말 그대로 바위petro에서 나는 기름oleum(oil)이다. 영어 단어의 petrify는 돌처럼 굳어지다, 석화되다라는 의미를 갖고 있다. 성경의 맥락에서 베드로Peter는 기독교 신앙의 반석petro 같은 사람이었다. 그래서 베드로라는 이름은 바위라는 의미를 갖고 있다. Peter라는 이름은 피어스Piers나 피에르Pierre와 관계된 말이다. 요르단 남부에 있는 고대 도시의 유적 페트라Petra 역시도 바위라는 의미와 무관하지 않을 것이다. 페트라 유적지는 말 그대로 암벽 위에, 혹은 바위를 파고들어 새겨진 고대의 도시 유적이기 때문이다.

종종 특정한 상품의 이름이 그 상품 전체의 종류를 지칭하는 명사로 사용되는 경우가 있다. 이제는 스테이플러stapler라는 이름으로 많이 불리게 되었지만, 얼마 전까지도 호치키스Hotchkiss

라는 이름이 자주 사용되었다. 과거 일본에 수입된 여러 스테이플러 회사 중 미국의 호치키스 회사 제품이 가장 괜찮았는데, 일본에서는 그것을 그냥 호치키스라고 불렀고, 한국 역시 그 단어를 그대로 수입해서 생겨난 결과였다. 자동차의 경적horn은 클랙슨Klaxon이라고 불리기도 했는데, 이 역시 자동차용 경적을 만드는 회사가 자신의 경적에 Klaxon이라는 이름을 붙인 것 때문에 생겨난 결과이다. 아마도 훌륭한 경적이었을 것이다. Klaxon은 소리 지르다shriek라는 의미의 그리스어 단어 klazo를 변형해서 만든 말이다.

지금은 트렌치코트trench coat라는 말이 제자리를 잡았지만, 불과 얼마 전까지만 해도 바바리코트Burberry coat라는 말이 훨씬 더 흔하게 쓰였다. 트렌치코트는 기능을 중심으로 만들어진, 어쩌면 정말 초창기의 세련된 아웃도어 패션이라고 할 수 있다. 버버리의 설립자인 토마스 버버리는 19세기 말, 개버딘gabardine이라는 일종의 방수가 되는 직물을 개발해서 낚시, 등산, 사냥할 때 입는 옷을 만들어 팔았다. 버버리가 만든 의류의 아웃도어 기능이 인정받게 되면서 그는 영국 육군에 옷을 공급하게 된다.

1914년 1차 세계대전이 터진다. 흔히 1차 세계대전은 참호전Trench Warfare이라고도 불린다. trench란 전쟁에서 전투를 위해 파놓은 참호를 말한다. 참호trench에서 오랫동안 생활해야 하는 병사들에겐 활동이 자유로우면서 동시에 비바람을 막아 줄 수 있는 의류가 필요했다. 버버리가 개발한 코트는 이런 상황에 아주 딱 맞는 의류였다. 비바람이 몰아치는 악천후의 참호 속에서 오랫동안 견뎌야 했던 군인들 사이에서 버버리의 코트가 유행하면서 트렌치코트라는 별명이 붙게 됐다. 전쟁이 끝난 후에도, 버버리의 기능성 코트는 여전히 수요가 많아서 민간인들의 패션스타일로 인기를 이어 가게 된다.

1차 세계대전을 특별히 참호전, 혹은 트렌치 워라고 부르는 이유는 참호trench와 기관총machine guns으로 많은 군인이 죽었기 때문이다. 특히 서부전선Western Front에서 더욱 심각했는데, 이러한 참호전의 비인간적인 전쟁 상황은 레마르크의 『서부전선 이상 없다』에 잘 묘사되고 있다.

프랑스군과 독일군은 서부전선Western Front에서 팽팽하게 맞서고 있었다. 양측 모두 길고 깊게 참호를 파고 대치 중이다. 양쪽 참호trench 사이의 평평한 개활지는 "아무도 못 가는 땅no man's land"이다. 그곳은 서로의 진격을 저지하기 위한 철조망barbed wire이 가득했고, 폭격을 피할 수 있게 설치한 구조물들이 여기저기 널려 있었다. 게다가 양측 모두 기관총으로 무장하고 있었기 때문에 참호를 벗어나 적군의 시야에 잡히는 순간 기관총 세례를 받을 수밖에 없는 구조였다.

이런 상황에서 적진을 향해 진격하는 것은 자살 행위나 다름없다. 고작 수백 미터에 불과한 이 땅을 사이에 두고 양측은 서로 기껏 몇백 미터를 더 갔다가, 다시 또 그만큼 물러나기를 반복했다. 기록에 따르면, 수개월에 걸친 이 어이없는 참호전으로 서부전선에서만 약 300만 명의 사상자가 나왔다고 한다. 1차 세계대전으로 인한 전체 사망자는 1700만 명으로 추산된다.

1차 세계대전에 직접 참전하기도 했던 독일 작가 레마르크Erich Maria Remarque의 소설 『서부전선 이상 없다*Im Westen Nichts Neues*』는 전쟁을 겪은 독일 병사들의 트라우마를 잘 그려 내고 있으며, 1930년, 1979년 그리고 가장 최근인 2022년에 영화로 제작되었다. 특히 2022년 영화 〈서부전선 이상 없다〉의 엔딩 부분은 충격적이고 안타깝다.

휴전을 고작 15분 남겨 두고 독일 지휘관은 병사들에게 진격을 명령한다. 명령을 거부하면 즉결 처형이다. 병사들은 겨우 15분을 남겨 두고 적진을 향해 진격한다. 어떤 병사는 휴전 사이렌이 울리기 직전에 죽고, 어떤 병사는 사이렌이 울릴 때까지 살아남는다. 1914년 전쟁 시작 이후 1918년 전쟁이 끝날 때까지 전선의 이동은 거의 없었다.

45

아무도 외롭지 않아서 모두가 외로운

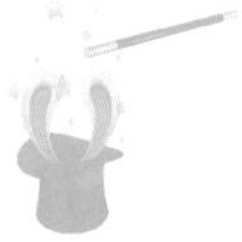

매력charm과 부적charming과 마력magic

charm은 노래를 하거나recite 마술을 부리는 것을 의미한다. 아름다운 노래에 홀리는 것은 동서고금을 막론하고 부정할 수 없는 사실이다. 노래를 부르는 것은 이성을 압도하는 매력을 품고 있다. 그래서 charm은 매력을 느끼게 하다라는 뜻으로도 사용된다. 동시에 charm은 누군가에게 마법을 걸거나 주문으로 저주를 거는 것과 관계되어 있다. 뭔가에 홀리고, 뭔가에 반하는 것은 마법에 걸린 것과 비슷하다.

charming의 형태와 같이 현재분사로 사용하면 매력적인이라는 뜻이 된다. 매력은 뭔가 합리적으로, 이성적으로 이해할 수 없는 힘으로 풀이한다. 합리나 이성의 정반대편에는 마법과 주술 그리고 미신이 있다. charm은 명사로 부적을 의미하기도 한다. 부적에 해당하는 영어 단어에는 amulet, talisman 등도 있다. 동양에서 부적은 주로 종이 위에 글씨를 쓰는 식이지만, 서구의 부적은 보석류 등으로 목걸이나 반지 등의 형태를 지녔다. 동양에서건 서양에서건 부적은 모두 나쁜 기운으로부터 자신을 보호하고, 좋은 기운을 유도하는 것을 목적으로 한다.

타인의 관심과 사랑을 이끄는 힘. 매력魅力이라는 힘은 합리적으로 설명하기 어렵다. 한자어로 살펴보면 왜 그런지 수긍이 간다. 매魅라는 글자에 귀신鬼이 들어 있다. 누군가에게 매력을 느끼게 되면, 마치 귀신에 홀린 것처럼 관심과 열정을 주체하기 어렵다. 사람과 사람 사이에 생기는 관심, 열정, 사랑, 애정은 옛날부터도 이성적으로 합리적으로 설명할 수 있는 대상은 아니었다. 매력은 심지어 자본이 되기도 한다. 자본주의는 근본적으로 주술적인 면이 있다.

마법을 거는 것에는 영어로 spell이라는 동사를 사용하기도 한다. spell은 흔히 영어의 스펠링spelling을 말한다고 할 때와 같은 단어다. 이름의 철자를 말하는 것과 주문을 거는 것이 같은 동사에서 기원하는 것은 다소 의외처럼 보인다. 하지만 한번 언급했듯 이름은 가장 짧은 주문이기도 하다. 주문과 이름의 기능은 비슷하다. 이름에는 부르는 사람의 소망이 담겨져 있지 않은가?

좋은 뜻을 담을 수도 있고, 나쁜 뜻을 담아 욕swear을 하거나 저주curse를 보낼 수도 있다. 그 이름대로 이루어지기를 우리는 부를 때마다 기원한다.

스펠바운드spellbound는 그러한 마법에 걸린 것을 의미한다. 1945년 알프레드 히치콕 감독은 그레고리 펙과 잉그리드 버그만 주연의 〈스펠바운드*Spellbound*〉라는 영화를 제작하기도 했다. 평행선을 두려워하는 범인과 사랑에 빠지는 미녀 정신분석가를 소재로 한 스릴러라고 할 수 있겠다. 오래전의 영화임에도 배우들의 음성은 최근에 녹음된 것처럼 선명하다. 영화가 시작되면서 등장하는 셰익스피어의 문장은 〈줄리우스 시저〉에서 따왔다.

> 우리들의 잘못은 별에 있지 않고,
> 우리들 자신에게 있는 것이지.
> Our fault is not in our stars,
> but in ourselves.

마법을 걸기 위해 주문을 외우는 소리는 종종 투박한 노래처럼 들리기도 한다. 종종 영화에 등장하는 불경의 주문이나 흑마술에서 주문을 외우는 것은 약간은 랩 같기도 하고 또 살짝 노래 같기도 하다. 그래서인지 charm이라는 말은 노래와 시를 의미하는 카르멘carmen과 어원적으로 관계가 있다.

오페라 〈카르멘*Carmen*〉을 생각해 보면 쉽게 이해가 갈 것이다. 카르멘은 프랑스의 오페라 작가 비제Georges Bizet의 오페라 제목이면서 주인공인 아름다운 여인의 이름이기도 하다. 카르멘은 노래, 시 혹은 주문이나 심지어 신탁oracle이라는 의미도 있다.

노래를 의미하는 carmen, 마법의 힘을 의미하는 charm 모두 노래를 의미하는 라틴어 *canere*와 관계가 있는 말이다. 공통으로 나타나는 can-은 노래 혹은 마법과 관련한 다른 단어에서도 나타난다. 교회에서 부르는 찬송가는 chant라고 한다. 마법을 걸거나 주문을 거는 것은 enchant라고 한다. 그리스 신화에 등장하는 세이렌들은 아름다운 노랫소리로 선원들을 홀리게 만들었다. 노래에는 신묘한 매력과 위험한 마력이 깃들어 있다.

프랑스어로 노래를 샹송chanson이라고 부르고, 이탈리아의 칸타타cantata 역시 핵심은 노래can-와 관계가 깊다. 노래를 잘 부르는 사람의 매력charming은 종종 불가항력적이다.

매력이 귀신과 관련이 있는 것처럼, charming도 초현실적인 것과 관련되어 있다는 사실은 매우 흥미롭다. 두 단어를 살펴보면, 동서양 모두 공통적으로 사람이 사람을 좋아하는 일은 이성의 언어로만 설명되지 않는 것을 알고 있었던 것 같다.

최근 영미권에서 매력적이다라는 말은 charming에서 glamour로 바뀌고 있다. 단순히 개인 간의 관심과 사랑을 뿜어내는 매력뿐만 아니라, 공적인 위치에서 대중들의 관심과 사랑을 받을 수 있는 사람의 매력도 glamour라고 표현한다. glamour라는 단어 역시 어원적으로 마법, 주문을 걸다라는 뜻을 갖고 있다. 주문을 외우는 데에는 일종의 규칙이 필요했기에, 문법을 의미하는 grammar와도 관계가 있는 말이다.

시각 미디어의 첨단이 되어 버린 SNS는 glamour를 뿜내는 가장 완벽한 플랫폼이다. 정치가에서 스포츠 스타, 가수에 이르기까지 수많은 셀럽celebrities들이 SNS를 통해 glamour를 뿜어낸다. 글래머glamour라는 말은 glow라는 단어가 관계되어 있다. glow는 빛을 뿜어낸다는 말이다.

둥근 형태로 빛이 뿜어져 나오는 것은 halo라고 한다. 르네상스시대 종교화에 등장하는 성인들의 뒤로는 늘 후광halo이 있었다. 지금은 글래머glamour가 가득한 사람에게 후광이 비치는 것 같다. 누군가의 뒤에서 빛이 나는 것. 그것은 과학적으로도 이성적으로도 설명하기 어려운 현상이다.

현대 대도시에서, 성스러운 종교의 후광은 사라지고, 차가운 골목길을 비추는 가로등의 후광만 남았다. 사이먼 앤 가펑클의 〈The Sound of Silence〉에 등장하는 가로등의 후광은 우울한 도시의 밤과 문명사회의 황량함을 잘 보여 준다.

…

불안한 꿈속에서 난 혼자 걷고 있었지
포석이 깔린 좁은 골목길
후광이 드리워진 가로등 불빛 아래서
난 추위와 냉기를 막으려 옷깃을 올려 세웠어

내 동공을 칼날처럼 찌르는 날카로운 네온의 불빛
그 빛이 밤을 가르며 침묵의 소리를 깨뜨렸어
오직 순수한 빛의 세계 속에서, 나는 보았지
만 명, 어쩌면 더 많은 사람들이
계속 말은 하고 있지만, 사실 누구에게도 말하고 있지 않았고,
계속 듣고는 있지만, 사실 누구의 말도 듣고 있지 않다는 것을,
그리고 아무도 불러 주지 않을 노랫말을 쓰는 사람들을
감히 그 침묵의 소리를 깨뜨리는 사람은 아무도 없었지
…

In restless dreams, I walked alone
Narrow streets of cobblestone
'Neath the halo of a street lamp
I turned my collar to the cold and damp
When my eyes were stabbed by the flash of a neon light
That split the night and touched the sound of silence
And in the naked light, I saw
Ten thousand people, mabybe more
People talking without speaking
People hearing without listening
People writing songs that voices never shared

And no one dared disturb the sound of silence

…

1964년에 발표된 노래 〈Sound of Silence〉는 영화 〈졸업*The Graduate*〉의 사운드 트랙으로도 널리 알려져 있다. 하지만 가사가 담고 있는 내용은 매우 문명비판적이다. 가사에 등장하는, 끊임없이 말을 하지만 사실 아무에게도 말하지 않고, 뭔가를 계속 듣고 있지만 사실 아무것도 듣고 있지 않는 사람들은 24시간 스마트폰과 메신저와 SNS에 중독되어 살아가는 지금의 현대인들의 초상과 너무나도 닮아 있다. 셰리 터클Sherry Turkle은 『Alone Together』이라는 책에서 이런 현대인의 모습을 속속들이 분석한 바 있다. 한국어 제목은 『외로워지는 사람들』이었다.

사이먼 앤 가펑클의 원곡은 아름다운 운율과 낭랑하고 섬세한 음성 때문에 가사의 처절한 문명비판의 메시지가 잘 드러나지 않는다. 가사의 내용이 매우 음울하고 묵시록적임에도 정작 노래는 너무 아름다웠기 때문이다. 아마도 이에 충실하게 부합하는 분위기로 이 노래를 부른 가수는 Disturbed가 아닐까 싶다. 가사가 전달하려는 메시지를 노래의 분위기에 충실하게 담았다.

46

하늘에서 길 찾기

오리진origin과 오리엔테이션orientation

학교건 회사건 새 출근과 새 학기의 시작은 늘 오리엔테이션orientation으로 분주하다. 어린이집에서부터 기업, 대학원까지 첫 출근, 첫날, 첫 수업에 오리엔테이션은 필수적이다. 오리엔테이션에서는 대부분 그 과정의 개요, 준비할 것과 목표 그리고 수업 방향을 설명한다.

오리엔테이션은 물리적으로 방향을 정한다는 의미가 있다. 여행을 시작하기 전에, 어디론가 떠나기 전에 방향을 잡는 것은 매우 중요하다. 오리엔트orient는 해가 뜨는 곳이라는 의미가 있기 때문에, 오리엔테이션은 동쪽으로 방향 잡기라고 할 수 있다. 해는 동쪽에서 뜨고 서쪽으로 진다The Sun rises in the east and sets in the west. 일단 동쪽이라는 방향을 잡아 놓으면, 다른 방향과의 관계 파악도 쉽다.

흔히 oriented라고 하면 어떤 방향을 지향하다라는 뜻이 된다. money-oriented라고 하면 금전지향적이다라고 할 수 있다. 반대어 dis-를 결합하면, disorientation이 된다. 방향을 잃어버리게 하다라는 뜻이다. 형용사로 사용하고자 disoriented라고 하면 방향bearing을 잃어버린, 갈 곳을 찾지 못한이라는 뜻이다. 미로maze 속에서는 금방 길을 잃고 만다.

미로에는 흔히 maze와 labyrinth라는 단어가 사용된다. maze는 흔히 보는 미로 찾기처럼, 여러 곳에서 시작해서 여러 곳으로 탈출할 수 있는 것이다. 처음부터 사람들에게 혼란을 주기 위해 만들어진 것이다. 그래서 maze 혹은 amaze는 동사로 사용되면 사람을 어리둥절하게 하다라는 뜻이 있다. amazing은 〈amazing grace〉라는 노래에 등장하는 단어로 매우 친숙한 말이기도 하다. 어메이징 그레이스는 "놀라운 은총" 정도의 의미라고 하겠다.

labyrinth는 비슷한 말이지만, 보통 미궁迷宮이라는 말로 번역한다. 뭔가 풀 수 없는 문제 혹은 벗어날 수 없는 상황이나 처지를 의미한다. 미궁은 애초에 의도해서 만들었다기보다, 본래 존재하는 성질이 미로와 같은 것을 의미한다. 들어가는 곳과 나오는 곳 역시 한곳만 존재한다.

이카루스Icarus의 신화는 이 labyrinth와 관계가 깊다. 그리스 신화에 등장하는 래버린스labyrinth는 미노타우루스Minotaur라는 반은 인간, 반은 소의 괴물을 가둬 두기 위해 다이달로스Daedalus가 만든 일종의 감옥이다. 한번 들어가면 누구도 다시 돌아 나올 수 없다는 이 미궁에 들어가서 미노타우루스를 해치우는 것은 바로 테세우스다. 그를 사랑하게 된 적국의 공주 아리아드네가 테세우스에게 미로를 되짚어 나올 수 있도록 명주실을 주었기 때문이다. 이때 건넨 실타래를 clew라고 했는데, 이 단어는 후에 어떤 문제의 실마리, 해결의 단서를 의미하는 clue로 연결된다. 덕분에 테세우스는 미노타우루스를 해치우고 미로에서 탈출할 수 있었다. 그럼에도 불구하고 이후의 사랑 이야기는 비극으로 흘러간다.

다이달로스는 철을 다룰 줄 아는, 매우 솜씨가 좋은 장인이었다. 그는 자신의 조국 그리스로 돌아가기 위해 밀랍beeswax으로 날개를 만들어서 아들 이카루스와 함께 하늘로 날아오른다. 그리고 아들에게 말한다.

"너무 높게 날지 말아라. 태양이 날개를 녹게 할거야. 너무 낮게 날아도 안 된다. 바닷물의 물방울에 날개가 젖게 된다"

"Do not fly too high, or the sun will melt the wax. Do not fly too low, or the sea spray will dampen the feathers."

피터르 브뤼헐, 〈이카루스의 추락이 있는 풍경〉

하지만 이카루스는 아버지의 말을 대수롭지 않게 여겼고, 태양 가까이까지 솟구쳐 오른 그의 날개는 그만 녹아내리고 만다. 비극으로 끝난 비상이었지만, 이카루스는 순수하고 열정적인 상징으로 남았다.

20세기 초, 오리엔트 급행The Orient Express이라는 열차가 있었다. 파리Paris에서 비엔나Vienna를 거쳐 이스탄불Istanbul로 향하는 열차였다. 1934년 영국의 소설가 아가사 크리스티Agatha Christie는 『오리엔트 특급 살인*Murder on the Orient Express*』을 출판한다. 사건을 발로 뛰는 것보다 주로 두뇌에만 의지해서 추리하는 것으로 유명한 에르퀼 푸아로Hercule Poirot는 이때 등장한다.

오리엔트orient에는 떠오르는 태양, 동쪽, 태양이 떠오르는 하늘 등의 의미가 있다. 해가 뜨는 곳으로부터 생명이 기원한다고 믿었기 때문인지 생명의 기원, 원천, 근원을 의미하는 origin은 orient와 같은 어원을 갖는다.

origin은 상승, 출발, 시작, 원천의 의미로 시작해서 뭔가가 나타나기 시작하는 것, 보이기 시작하는 것을 의미하기도 한다. orient는 oriri의 형태로도 나타나는데, 이러한 형태는 떠오른다, 상승한다는 의미의 rise와도 관계된다.

rise는 보통 해가 뜨거나, 물가가 오르는 것처럼 스스로 올라가는 것을 표현할 때 사용한다. 20세기 미국의 소설가 어네스트 헤밍웨이Ernest Hemmingway는 『태양은 또다시 떠오른다*The Sun also rises*』라는 소설을 썼다. 전쟁 이후 남겨진 피폐한 육체와 공허한 내면, 흔들리는 사랑과 엇갈리는 인연에 대한 소설이라고 할 수 있다. 소설의 첫 장을 넘기면 유명한 「전도서Ecclesiastes」의 한 구절이 등장한다.

"한 세대가 가면, 또 다른 세대가 온다. 하지만 대지는 변함없이 지속된다. 태양은 다시 떠오르고, 다시 태양은 지며 자신이 떠오른 곳으로 서둘러 발길을 재촉한다."
"One generation passeth away, and another generation cometh: but the earth abideth for ever. The sun also ariseth, and the sun goeth down, and hasteth to his place where he arose."

전쟁이라는 비극이 닥쳐도, 사랑하는 사람을 잃어도, 쓰디

쓴 좌절과 절망을 겪어도, 태양은 다시 뜬다. 다시 시작할 수 있다는 희망의 메시지도 잠시, 태양이 다시 뜬다는 그 변함없는 항상성은 때로 삶의 모든 드라마틱한 사건을 하찮은 것으로 느끼게 한다. 자신에게 아무리 중요한 일일지언정 그것은 태양의 움직임을 바꾸지는 못한다. 자신에겐 우주가 무너질 만큼 커다란 사건이라 해도, 그것이 아무런 변화도 만들어 내지 못한다는 깨달음. 태양은 아무 일 없었다는 듯, 또다시 떠오른다는 메시지는 그래서 쓸쓸하다.

헷갈리기 쉬운 영어 단어의 목록에는 항상 rise와 raise가 포함된다. rise가 스스로 올라가다라는 뜻의 자동사라면, raise는 뭔가를 올리다라는 타동사다. 만약 질문이 있다면, 손을 들어라 할 때는 raise your hand라고 한다. 회사원들의 월급이 인상되는 것은 레이즈raise라고 한다. 월급은 저절로 오르지rise 않는다.

동쪽을 오리엔트orient라고 표현하는 데 반해 서쪽은 옥시덴트occident라고 한다. occident에서 -cid는 뭔가가 떨어지다라는 의미를 갖는다. 그래서 사고, 사건을 말하는 accident, 폭포를 의미하는 cascade는 모두 occident와 공통의 어원을 갖고 있다. 스펠링은 차이가 나지만 많은 경우 cid, cad, ca-의 형태로 나타난다.

동양에 대한 서양의 관점은 최근 수십 년간 사회, 문화, 문학 분야의 활발한 주제이기도 했다. 팔레스타인 출신의 피아노를 아주 잘 연주했던 영문학자 에드워드 사이드Edward Said의 책, 『오리엔탈리즘*Orientalism*』은 서구가 어떻게 동양을 바라보았는지를

1904년 〈마담 버터플라이〉의 포스터

보여 주는 사회, 문화, 역사적인 성찰을 기록하고 있다. 오리엔탈리즘은 서양 사람들이 동양에 대해 갖고 있는 문화적인 편견을 의미하기도 한다.

데이비드 헨리 황의 희곡 〈마담 버터플라이*M. Butterfly*〉는 아마도 이러한 오리엔탈리즘을 극적으로 잘 보여 주는 작품이라고 할 수 있을 것이다. 이 작품은 욕망에 사로잡힌 서양 남성의 관점이 동양을 어떻게 여성화하고 예속화하려고 하는지를 매우 농밀하고 내밀하게 보여 주고 있다.

극 중 중국 주재 프랑스 대사관 직원인 르네 갈리마르는 푸

치니의 오페라 〈나비부인〉에서 노래를 부르던 아름다운 여성 송 릴링을 사랑하게 된다. 하지만 그 사랑은 거짓환상에 불과하며, 서양의 남성이 자초한 이상적 여성의 이미지에 불과했음이 밝혀진다. 르네는 오랫동안 함께 살면서도 자신이 사랑한 송이 사실은 남성이었음을 깨닫지 못한 것이었다. 송은 결국 남성으로 밝혀지고, 끝까지 자신이 사랑한 사람이 남자라는 사실을 인정하기 어려웠던 르네는, 결국 여장을 한 후 자살한다. 치명적인fatal 오리엔탈리즘이다. 여장남자 혹은 남장여자의 크로스드레싱cross-dressing이라는 설정은 셰익스피어시대부터 매우 효과적으로 사용되던 드라마의 장치였다.

드라마의 설정을 현실로 착각하는 것은 치명적으로 위험하다. 어쩌면 오리엔탈리즘은 서구에서 만든 설정을 실제라고 믿는 것에서 기인한 치명적인 착각과 같은 것일지도 모른다.

47

우체국에서
너에게 편지를 쓴다

우체국post office과 탈것vehicle

우체국은 post office다. 우편요금은 postage, 우표는 postage stamp, 우편배달부는 postman이라고 한다. 모두 우편post이라는 단어를 기본으로 한다. 비행기, 배, 자동차 등을 모두 탈것vehicle이라고 부른다. 그런데 post와 vehicle, 이 두 단어는 관계가 깊다.

vehicle은 뭔가를 보내고, 전달하고 또 직접 이동하는 것과 관계가 있다. 탈것 혹은 이동수단을 vehicle이라고 부른다. 단순히 물리적인 이동이 아니라 정보의 이동에 대해서도 vehicle이라는 단어를 사용했다.

아탈리에 의하면, 아우구스투스가 만들었다는 로마제국의 최초의 우편제도는 *vehiculatio*베히쿨라티오라고 불렀다고 한다. 이동수단을 의미하는 vehicle의 변형된 형태인 셈이다. 이 제도는 먼 거리를 이동할 수 있는 말과 숙소 그리고 보급창고 등으로 이루어졌다고 한다. 먼 거리를 이동하기 위해서는 말을 갈아탈 수밖에 없었는데, 이렇게 전령들의 말을 세워 두는 자리를 posta라고 불렀다.

과거 소식을 전하는 우편제도에서는 탈것vehicle의 역할이 절대적이었을 것이다. 소식을 전달하다라는 뜻에서, 우편은 언론과 거리가 멀지 않다. 개인적인 소식을 우편으로 받는 것처럼, 과거엔 사회적인 소식 역시도 우편제도로 전달받을 수밖에 없었을 것이다. 많은 언론사의 이름에 post가 들어가는 것이 쉽게 이해가 된다. 워싱턴 포스트The Washington Post, 허핑턴 포스트The Huffington Post, 뉴욕 포스트The New York Post, 덴버 포스트The Denver Post, 홍콩에서 발행되는 The South China Morning Post까지 포스트post를 사용하는 언론사는 실로 다양하다.

〈포스트맨은 벨을 두 번 울린다*The Postman always rings twice*〉라는 제목의 영화가 있었다. 약간은 선정적인 포스터 때문에 남녀 간의 열정적인 사랑에 대한 영화로 생각했던 적이 있었다. 남녀 간의 사랑과 욕망이 소재로 등장하지만, 사실은 범죄스릴러 장르의 영화라고 할 수 있다. 포스트맨이 왜 등장하는지는 영화 전반에 걸쳐 설명되지 않는다. 다만 운명의 메시지를 전달하는 은유

정도로 해석할 수 있을 것 같다. 더구나 그 소식을 한 번도 아니고 두 번 전달하러 온다면, 그 소식은 운명처럼 피하기 어려울 것이다.

post는 기둥이라는 뜻으로도 흔히 쓰인다. 말을 묶어 두는 자리에 기둥이 있었기 때문일 것이다. 아마도 말을 갈아타야 하는 곳에는 항상 말을 묶어 놓는 곳을 앞에 위치하게 했을 것으로 추측할 수 있다. post는 앞을 의미하는 po(r)- 그리고 서다, 세우다라는 뜻의 sta-의 결합이다. 앞을 의미하는 pro-의 형태가 살짝 바뀌었다. 앞을 의미하는 pro는 주변에서 흔히 볼 수 있는 많은 단어들 중 하나다.

전망하다라는 뜻의 prospect, 진행하다라는 뜻을 지닌 proceed, 심지어 문제라는 뜻의 problem도 해당한다. 문제라는 뜻의 problem은 앞에pro 던져진 것blem-을 의미한다. 아마도 길을 가는데, 길 한복판에 뭔가가 던져져 있으면 그것을 해결해야 한다는 의미에서 만들어진 것 같다.

blem-은 던지다라는 뜻의 그리스어 ballein에서 파생된 말이다. ballein은 ballistic이라는 말로 변형되어 사용된다. ballistic은 물건을 던지는 것, 발사하는 것을 의미한다. 흔히 탄도의 라는 뜻으로 해석한다. ICBM(대륙간탄도미사일)에서 말하는 B는 바로 탄도ballistic를 의미한다.

집으로 들어가기 전의 입구에 해당하는 현관은 포치porch라고 한다. 그리고 비슷하게 거대한 구조물의 입구는 포털portal이라고 한다. 직접적으로 pro-라는 어원을 공유하지는 않지만, 보통 위치상 앞에 입구가 있고, 입구는 뚫려 있기 때문에 pro-, po-는 관통한다는 뜻의 per-와 공통적으로 관계가 있다. 현관은 집으로 들어가는 첫 관문이다. 그래서 portal은 문 혹은 입구라는 의미도 갖고 있다. 공상과학영화에서 시공간을 가로지르는 장소를 흔히 portal이라고 부른다.

탈것 중에는 shuttle도 있다. 짧은 거리 혹은 길더라도 단순 왕복을 목적으로 운행하는 버스를 흔히 셔틀버스라고 부른다. 우주를 단순 왕복하는 경우에도 스페이스셔틀space shuttle이라는 이름을 사용한다. shuttle은 특정 구간을 빠르게 왕복하는 것을 목적으로 한다. 마치 뭔가가 발사되거나 쏘는 것처럼 이동한다. 그래서 shuttle의 어원은 쏘다, 발사하다라는 뜻과 관계가 있다.

과거에 직물을 짜는 데 사용되었던 베틀loom을 직접 이용해 본 사람들은 이젠 찾아보기 어렵다. 베틀에는 셔틀shuttle이라고 부르는 부분이 있는데, 씨줄과 날줄을 직조할 때 이용하는 손바닥만 한 나무 조각이다. 그것이 이리저리 왕복하면서 실을 엮어 낸다. 배드민턴은 가장 쉽게 아주 폭발적으로 에너지를 쏟아부을 수 있는 운동이다. 한번 칠 때마다 셔틀콕shuttlecock을 쏘는 것처럼 해야 하기 때문이다. 셔틀콕이 코트 양쪽을 아주 빠른 속도로 왕복하는 것은 셔틀의 의미를 아주 분명하게 보여 준다.

쏘다라는 뜻도 갖고 있는 셔틀은 화살이나 다트dart를 의미하는 스커드skeud라는 단어에서 유래하는데, 이 단어에는 쏘다, 추적하다, 던지다라는 뜻이 있다. 아마도 쏘다, 던지다, 추적하다라는 의미로 사용되는 가장 널리 알려진 것은 스커드미사일Scud missile일 것이다. 소련에서 개발한 스커드미사일을 요격하기 위해 미국은 패트리어트미사일Patriot missile을 개발했고, 두 미사일 시스템의 경쟁은 1991년 걸프전Gulf War에서 실전 배치되어 사용되었다고 한다.

patriot는 애국자라는 뜻이다. 어원을 아버지의 땅이라는 의미로 해석하기도 한다. 애국심은 patriotism이다. 단어에 보이는 pater-는 아버지와 관련된 다양한 의미를 만들어 낸다. 가부장제는 patriarchy라고 한다. 아버지가patri- 지배하다archy라는 뜻이다. archy는 archon이라는 단어에서 왔는데, 고대 그리스의 9개 직책 중 가장 높은 직책을 의미한다. 아마도 기독교에서 천사의 등급을 9개로 구분한 것과 관계가 있을 것으로 보인다. archon은 9단계 중 제일 처음을 의미한다. 그래서 archon은 지도자, 사령관, 최고 지위 혹은 최초의 시작, 기원 등을 의미하는 접사로 자주 사용된다.

archaic이라는 형용사는 낡고, 고풍스러운이라는 의미를 가지고 있지만, 기본적으로 아주 오래전의 것을 의미한다. 그래서 고고학archaeology은 인류문화의 시작을 조사하고 연구하는 학문이다. 이 단어는 시작을 의미하는 archaeo와 학문을 의미하는 -logy의 결합으로 구성되었다. 대학이나 공공기관에서 문서를 보관하는 서고를 아카이브archive라고 하는데, 여기도 archon의 변형된 형태가 쓰였다. 최초 혹은 기원이라는 의미에서, 처음부터의 기록을 보관하는 것으로 사용된다. 지금은 공공기관이 아니어도 기록물을 모아 두는 곳을 보통 아카이브archive라고 부른다.

어머니가 지배하는 모계사회는 matriarchy라고 한다. 한자로 성family name은 성姓으로 쓴다. 집안의 이름을 의미하는 성姓에 여성을 의미하는 부수가 들어 있는 것 때문에 성姓을 종종 모계사회의 흔적으로 추리하기도 한다. -archy는 정치체제를 의미하는 접미사처럼 사용되는데, 지도자, 사령관, 지배자를 의미하는 archon에서 파생된 말이다. 군주는 혼자 지배하므로 군주제는 모나키monarchy 그리고 군주 자신은 모나크monarch라고 한다.

모든 지배는 어떠한 계급적인 구조로 구성되어 있다. 이러한 계급구조 혹은 위계질서는 hierarchy라고 한다. hierarchy는 본래 종교적인 의미에서 성스러움의 정도로 구분된 계급을 의미했다. 성경에 등장하는 구품천사가 다시 세 부류로 구분되는 것과 관계가 있다. 위계는 이러한 구분과 질서를 바탕으로 생겨난 개념이다. 어떠한 형태의 정치체제, 지배체제도 부정하는 것은 무정부주의anarchy라고 한다.

48

폭풍의 언덕으로 발길을 돌리는 마담 보바리

카타르시스catharsis와 순결chastity

에밀리 브론테Emily Bronte의 『폭풍의 언덕*Wuthering Heights*』은 문학에 특별한 관심이 없는 사람도 알 만큼 유명한 고전이다. 1847년, 자매였던 샬롯 브론테Charlotte Bronte의 『제인에어*Jane Eyre*』와 같은 해에 출간되었다.

폭풍의 언덕이라는 이름이 갖고 있는 문화적 영향은 대단했다. 구석진 골목의 카페 이름, 식당에서 영화와 드라마의 제목으로까지 "폭풍의 언덕"은 다재다능한 문화적인 브랜드로 사용되었다. Wuthering은 바람이 사납게 분다는 뜻이다. 원제엔 Heights

로 되어 있지만 번역은 언덕으로 했다. 이전 일본어 번역의 영향이라는 설이 있다. 최근의 한국어 번역에서는 영어 제목 그대로 『워더링 하이츠』로 옮겼다.

Heights는 높다라는 뜻의 high의 명사형 height을 이용한 단어로 고급 아파트와 같은 주택단지를 의미한다. 한국에서도 하이츠라는 이름은 고급 주거시설에 종종 사용된다. 그래서 원제목인 『Wuthering Heights』를 충실하게 번역한다면, 폭풍이 몰아치는 고급저택이라고 할 수 있을 것이다.

하지만 소설 속에서 워더링 하이츠는 일종의 고유명사로 사용되었다. 파란만장하고 격정적인 사랑의 전형으로 각인된 히스클리프Heathcliff와 캐서린Catherin의 사랑이 시작된 곳이다. 워더링 하이츠는 캐서린이 아버지와 함께 살던 언덕의 어둡고 오래된 저택이다. 어느 날 캐서린의 아버지가 떠돌던 소년 히스클리프를 집으로 데려오면서 세대를 뛰어넘는 파국의 운명이 시작된다.

워더링 하이츠와 대비되는 장소로서 스러쉬크로스 그레인지 저택이 등장한다. 어둡고, 오래되고, 야성적인 하이츠에 비해, 그레인지 저택은 밝고, 우아하고, 교양 있는 문명의 장소였다. 캐서린은 우연히 이곳에 머물게 되면서 순박한 감정에서 탈피하여, 세상을 자각하게 된다. 쉽게 말한다면, 철이 들었다고 해야 할까. 그리고 그런 각성으로 인해 애초에 자신과는 신분상 어울리지 않았던 히스클리프를 어쩔 수 없이 떠나게 된다.

캐서린 가문에 대한 히스클리프의 복수는 매우 공포스러운 것이었다. 황량한 워더링 하이츠의 분위기에 더해 히스클리프의 복수에 대한 집념은 공포감을 불러일으키기에 충분하다. 워더링 하이츠로부터 이어진 전통인지 하이츠라는 배경은 공포영화의 소재로도 자주 사용된다. 1990년에 개봉한 〈퍼시픽 하이츠〉 역시, 저택을 배경으로 한 공포 스릴러 영화라고 할 수 있다. 배트맨으로 유명했던 마이클 키튼이 주연을 맡았다.

훌륭한 고전은 늘 그렇듯이, 『폭풍의 언덕』에는 잊지 못할 장면이 많다. 그중 캐서린이 "내가 히스클리프야"라고 말하는 부분은 이후로도 많은 사람들에 의해서 반복된다. 캐서린은 넬리에게 고백한다. 자신과 히스클리프의 관계는 그야말로 운명적이라고. 린튼에 대한 사랑은 계절이 변하는 것처럼 변할 수 있어도, 히스클리프를 향한 사랑은 바위처럼 변할 수 없을 거라고. 그리고 유명한 캐서린의 선언이 등장한다.

"넬리, 내가 히스클리프야. 그는 항상 나의 마음과 함께 있어."

"Nelly, I am Heathcliff — he's always, always in my mind."

저자는 주인공의 이름을 아무렇게나 짓지 않았다. 캐서린Catherine이라는 이름은 순수하다라는 의미를 갖고 있다 더러운 것이 정화된 순수함이다. 감정을 정화한다는 카타르시스catharsis

와도 관계가 있다. 카타르시스는 아리스토텔레스의 『시학*Poetics*』에서도 언급된 매우 중요한 예술 형식의 메커니즘이다. 그것은 마음의 정화를 의미하며, 관객이 비극을 볼 때 주인공의 운명적인 상황, 비극적인 처지를 보면서 자기 자신의 심리적인 불안, 긴장, 쌓인 감정이 어느 정도 해소되는 것을 의미한다. 용어 자체는 연극예술에서 시작했지만, 지금은 다양한 사회, 문화, 예술 현상에 적용해서 사용하는 것 같다.

캐서린은 이러한 카타르시스catharsis와 어원을 공유하는 이름이다. 그리스어 καθαρος카타로스, katharos는 순수purity를 의미한다. 순수한 사랑을 지키고자 했던 여주인공의 이름으로 신중하게 선택된 이름이 아닐 수 없다. 순결을 의미하는 영어 단어는 chastity이다. 캐서린은 얼마나 순수하고 순결했던 여성이었던가. 하지만 순결을 의미하는 chastity의 어원은 카스트caste에서 왔다. 인도의 계급제도를 말할 때의 그 카스트이다. 계급적 질서는 각 계급의 순수한 혈통이 지켜짐으로써 가능해진다. 다시 말해 고유 계급이 다른 계급과 섞이지 않는 것이 중요하다. 캐서린은 순결한chaste 여인이었지만, 결국 그 순결함으로 인해 계급을 뛰어넘는 사랑을 이루지는 못했다.

반면 히스클리프Heathcliff는 절벽cliff에 핀 풀heath이라는 뜻으로 볼 수 있다. 그것도 꽃이 아닌 풀이다. 짓밟히고 쓰러져도 다시 일어나는 풀처럼, 히스클리프는 삶에 대한 열정과 격정이 대단했다. Heath라는 말은 버려지고 황폐한 땅을 의미한다. 위태로운 곳에서 피어난 풀의 운명인가. 격동적인 파고를 겪어야 했던 히스클리프의 운명을 환기시키는 절묘한 이름이다.

비슷한 시기 프랑스에서 귀스타브 플로베르Gustav Flaubert는 『보바리 부인*Madame Bovary*』(1856)으로 일약 베스트셀러 작가가 되었다. 부유한 중산층 의사와 결혼해서 풍족하지만 숨 막혀 죽을 것 같은 권태로운 삶을 살고 있었던 여인, 마담 보바리의 파괴적인 사랑에 대한 소설이다.

권태로운 삶에 환멸을 느끼던 보바리에게 남성이 접근하며 아슬아슬한 로맨스가 시작된다. 보바리는 늙고 재미없던 남편과의 삶에서는 느낄 수 없었던 짜릿하고 감각적인 쾌감에 몸을 맡기고, 곧 그녀의 삶은 위태롭게 흔들리기 시작한다. 사랑과 탐닉이 불륜과 애정이 혼재하는 격정 속에서 보바리는 방탕한 유한부인으로 낙인찍히며 점점 절벽의 끝을 향해 다가간다.

결국 치명적인 재정상태에 봉착한 보바리는 도움을 얻고자 이전에 알고 지내던 남자를 찾아간다. 보바리는 옛정에 기대어 도움을 바랐지만, 남자는 보바리의 몸을 요구한다. 보바리는 단호하게 말한다. "나는 돈을 빌리러 왔지, 몸을 팔러 온 게 아니에요." 그리고 그 길로 집으로 되돌아가 비소를 한 움큼 집어삼키고 생을 마감한다.

보바리의 결말은 방탕함에 대한 대가였을까. 사람들은 보바리에 대해서 때로는 동정과 연민을 때로는 비난과 조롱을 퍼부었다. 상반된 견해가 팽팽한 가운데, 작품을 썼던 플로베르는 어디선가 이렇게 말한 적 있다.

"내가 보바리다."

2015년 프랑스 파리에 위치한 샤를리 에브도Charlie Hebbo 신문사에서 15명이 사망하는 테러 사건이 벌어진다. 종교 지도자를 풍자한 그림 때문이었다. 테러의 위협에 굴복하지 않고, 언론 출판의 자유를 여전히 지지하며 연대하는 사람들은 "내가 샤를리다Je suis Charlie, I am Charlie"라는 구호를 외쳤다.

"내가 히스클리프야." "내가 보바리다." "내가 샤를리다." 모두 자신이 옹호하고 연대하고자 하는 대상과의 합일을 원하는 간절한 구호라고 할 수 있겠다.

49

캐주얼이 데카당트해지는 것은 시간문제

캐주얼casual과 인과관계cause and effect

옷차림에 대해서, 캐주얼casual이라는 말은 일상의 평범한 차림을 의미한다. 비공식적인informal 복장은 흔히 캐주얼룩이라고 한다. casual은 격식을 따지지 않고, 정해진 규칙을 엄격히 따르지 않는 것을 의미한다. 자연스럽게 일회적인 사건, 사고, 변화 등의 의미와 관계가 있다. 그래서 일회적인 사건이나 사례, 경우를 의미하는 case는 casual과 관계가 있다.

형식이나 격식으로부터 자유롭다는 캐주얼에서의 떨어지다ca-라는 의미는 되는대로, 운명에 맡기는 대로의 뜻이 강하다. 떨어진다는 것은 뭔가가 우연히 결정되는 것과 쉽게 연상된다. 뭔가를 공식적으로 격식에 맞추는 것은 임의적으로 할 수 없다. casual은 우연에 의해서 결정되는, 그래서 뭔가 형식에 구애받지 않는 것을 의미한다. 여기서 확대되어 보통 informal한 의미로 사용된다.

ca-는 종종 ci-로 실현되어 다른 단어 속에 등장한다. 의미는 떨어지는 것, 가라앉는 것, 죽는 것 등과 관계가 많다. 사시사철 푸르른 상록수[evergreen]와 대비된다는 의미에서 낙엽이 떨어지는 것은 deciduous라고 한다. 낙엽이 아래[de-]로 떨어지는[ci-] 것이다. 서양을 의미하는 western은 다른 말로 태양이 떨어지는[cid] 곳을 의미하는 occident로 표현되기도 한다.

사고[accident], 사건[incident] 등도 역시 비슷한 사례라고 할 수 있다. 사건이 일어나는 것은 마치 마른하늘에 날벼락이 떨어지는 것처럼 벌어진다. 인간은 직관적으로 떨어지는 것이 나쁜 것이라고 생각한다. 뭔가가 떨어지는 운동이 불행한 사건으로 연계되는 것은 천문현상에서 기원할 것이다. 재해나 재난을 의미하는 catastrophe는 별[stro-]이 떨어지다[ca-]라는 의미가 있다. 아래로 떨어지는[ca-] 폭포는 waterfall 또는 cascade라고 부른다.

별이 지구와 충돌하는 것은 아마도 인류가 상상할 수 있는 최악의 재난일 것이다. 별이 떨어져서 만들어 내는 재난은 disaster라는 단어로도 표현된다. 역시 별[astr-]이 떨어지는[di-] 것을 의미한다. 마른하늘에 날벼락이 떨어지는 것처럼, 예상치 못한 어떤 사건들이 인간에게 떨어질 때, 그것은 대부분 반갑지 않은 일일 것이다.

어떤 사고가 일어난다는 의미와 관계가 있기 때문에 어떤 사고나 사건의 사상자를 말할 때 casualty라고 말한다. casualty가 casual과 비슷한 스펠링을 갖고 있어서, 혹시나 어떤 관계가 있을까 한번쯤 궁금해한 사람이 있다면, 그 추측이 맞다고 말해 주고 싶다. 사상자를 의미하는 casualty는 casual과 동일한 어원을 갖고 있는 말이기 때문이다. 둘 모두 떨어지다ca-라는 의미를 갖고 있다.

사상자casualty를 의미하는 단어에 떨어진다는 의미가 포함된 것은 마치 어떤 재앙이나 재난이 떨어지는 것을 연상하게 한다. 그래서 사상자를 의미하게 된 것으로 추측한다. 어떤 일이 동시에 일어나면 coincide라고 한다. 여기서 -cide 역시 어떤 것이 동시에coin(con) 떨어지다cide라는 의미로 볼 수 있다. coincidence라고 하면 우연의 일치라는 뜻이다.

영어 단어 decay는 썩다, 상하다, 타락하다라는 뜻이다. -cay는 떨어지다라는 의미를 갖고 있다. 썩는 것은 아래를 향해 나아간다. 썩으면 중력을 지탱하지 못하기 때문이다. 과일이건 동물이건 죽어서 썩으면 지하로 더 침잠해 들어가는 것은 동서양의 직관에 보편적인 것 같다.

물질적인 부패와 더불어 윤리적으로 예술적으로 그와 유사한 행태를 보이면 흔히 타락했다고 표현한다. 타락 혹은 퇴폐는 데카당트decadent라고 한다. 타락 역시 직관적으로 아래 방향과 연관된 것으로 표현된다. 뭔가 나쁜 것에 접하게 되면, 거기에 빠져든다고 한다. 빠진다는 것은 방향이 아래쪽을 향한다. 데카당트는 아래를 의미하는 de-와 떨어지다라는 뜻의 cade-가 결합해서 생긴 말이다. decay라고 하면 음식이나 어떤 물질의 상태가 썩는 것을 의미하지만, 데카당트는 19세기를 거치면서 개념적인 말이 되었다.

서구에서 세기말이라는 19세기는 주목할 만큼 사회, 문화, 예술적인 현상이 두드러진 시기이기도 했다. 특히 유럽의 세기말적인*fin-de-siecle* 사상은 20세기의 모더니즘이 태동하는 문화예술적인 토양이 되기도 했다. 샤를 보들레르, 오스카 와일드, 구스타프 클림트 등은 시와 문학, 회화의 대표적인 데카당트 예술가라고 할 수 있을 것이다.

보들레르는 이전의 시에서는 사용하지 못했던 삶의 어둡고 퇴폐적이고 타락한 소재들을 본격적으로 시의 소재로 사용했다. 그가 남긴 『악의 꽃*Le Fleurs du Mal*』은 어지간한 현대시인들의 감성보다 훨씬 더 현대적이다. 오스카 와일드는 『도리언 그레이의 초상*The Picture of Dorian Gray*』에서 극단적인 탐미주의를 보여 주었다. 어린 시절 읽었던 동화 『행복한 왕자*The Happy Prince*』 역시 오스카의 작품이라는 것을 알았을 때, 그 오스카가 이 오스카인지 믿기 어려워했던 기억이 있다.

지금의 관점에서 본다면 크게 데카당트하다고 할 수 없지만,

19세기의 도덕적 관념이 지배적이었던 상황에서 이들의 예술세계와 정신세계는 다분히 반항적이고, 도발적이며, 부정한 것으로 평가되었을 것이다.

동서양을 막론하고 좋은 것은 위로 가고, 나쁜 것은 아래로 간다. 좀 더 살펴본다면, 형이상학적인 것은 위에, 형이하학적인 것은 아래에 있다. 추상적인 것과 결정되지 않은 것은 위에, 구체적이고 결정된 것은 아래에 위치한다. 하늘과 땅에 대한 인간의 본능적인 직관은 다 비슷한 것 같다.

50

문명세계에 남겨진 야만의 알리바이

〈에이리언Alien〉과 알리바이alibi

리들리 스콧 감독의 대표작이라고 할 수 있는 영화 〈에이리언Alien〉이 처음 개봉한 것은 1979년이었다. 이후로 후속편은 최근까지 여러 편 만들어졌고, 〈에이리언〉은 일종의 문화적 아이콘이 되었다. 영어 단어 alien은 외국인, 외계인이라는 뜻이 있다. 익숙하게는 foreigner라고도 할 수 있다. 물론 영화에서는 지구에 속하지 않는 외계의 생명체를 의미한다.

동사의 형태인 alienate는 누군가를 마치 외국인처럼 취급하는, 그 장소에 속하지 않는 사람처럼 대한다는 뜻이다. 소외시킨다는 말이다. 명사 형태로는 alienation으로 쓴다. 소외는 현대사회의 가장 중요한 문제 중 하나가 되었다. 소외시키거나 소외당하거나 모두 심각한 정서적 질병의 상태를 겪고 있는 것이다.

소외시킨다는 말은 단순히 인간관계에서 따돌림만을 의미하지 않는다. 인간은 때로 자기 자신으로부터 소외당하기도 한다. 마르크스Marx는, 자본주의의 가장 큰 문제 중 하나는 노동자가 자신의 노동, 자신의 생산물로부터 소외당하는alienated 것이라고 말한 바 있다. 쉽게 말한다면, 자신의 노동에 대한 정당한 대가를 받지 못한다는 말이다.

스팅Sting의 유명한 노래, 〈English man in New York〉의 가사에 alien이라는 단어가 등장한다. 불법이민자들의 문제가 끊이지 않는 미국인데, 노래는 합법적인 절차를 거쳐서 미국에 온 영국인이 겪는 불편한 문화적 충격을 이야기한다.

커피 대신 차를 마시고I don't drink coffee, I take tea, 토스트는 한쪽만 굽고I like my toast done on one side, 지팡이를 들고 뉴욕 5번가를 산책하는, 자신은 영국 사람이라고 말한다. I'm a legal alien이라는 말은 합법적인legal 외국인 혹은 맥락상 이방인이라는 의미다. 다음 가사를 본다면, 노래의 후렴구가 귀에서 찰랑거릴 수도 있다.

Oh, I'm an alien, I'm a legal alien,
I'm an English man in New York.

끝까지 자신은 뉴욕에서 영국 사람으로 남겠다는 결의로 노래는 마무리 된다. 노래는 주변이 아무리 자신을 변화시키려 해도, 끝까지 자신으로 남으라고 말한다.

Be yourself no matter what they say.

Alien의 al-은 어떤 것 너머beyond를 의미한다. 그 너머에 있는 것은 당연히 이곳에 있는 것과 다르다. 그래서 al-의 접두어를 갖고 있는 것은 다른, 차이가 나는 등의 의미를 갖고 있다. 자신이 아닌 다른 것이 되는, 변한다는 뜻으로 alter라는 단어에도 나타난다.

나 아닌 다른 사람을 위하는 이타주의는 altruism이라고 한다. 자신의 본명이 아닌 다른 가명은 alias라고 한다. 미국의 스파이 드라마 중에는 〈Alias〉라는 유명한 드라마가 있었다. 둘 이상의 이름으로 알려져 있을 때, 요즘은 세련되게 a.k.a.라고 한다. a.k.a.는 Also known as의 줄임말이다.

범죄의 현장이 아닌 다른 곳에 내가 있었다는 증거를 알리바이alibi라고 한다. 말 그대로 범죄의 순간 자신이 다른al- 장소에 있었던 것을 증명하는 것이다. 평범한 학교를 선택하지 않은 학생들은 좀 다른 학교를 선택한다. 이른바 대안 학교alternative school이다. 대체에너지는 얼터너티브 에너지alternative energy라고 할 수 있다.

얼터너티브 락alternative rock의 선구자라고 할 수 있는 커트 코베인은 자신의 명성이 정점에 있을 때 자살했다. 기존의 주류 음악과는 다른 자신만의 독립된 음악세계를 추구하려 했던 그는, 정작 자신의 음악이 메인스트림에 위치하게 될 줄은 예상하지 못했다. 주류에 대한 저항으로 자기 음악의 정체성을 찾으려 했지만, 오히려 스스로가 유례 없는 주류가 되면서 코베인은 자신만의 음악세계와 현실에서의 유명세 사이에서 갈등한다. 음악에 대한 자신의 길과 대중적인 인기, 돈, 명예 사이에서 고민하던 그는 결국 가족을 남기고 일찍 생을 마감한다.

alter는 무언가를 다른 것으로 변화시킨다는 뜻이 있다. 말 그대로 다른al- 것으로 만드는 것이기 때문이다. 수사법에서 흔히 사용하는 알레고리allegory 역시 비슷한 어원상의 용법이 있다. 알레고리는 사람들이 쉽게 이해하기 어려운 추상적인 의미를 이해하기 쉬운 구체적인 사물, 동물 등으로 다르게 이야기하는 것을 의미한다.

알레고리는 매우 수준 높은 문학적 장치이기도 하다. 특히 맥락과 상관없이 독립적으로 여러 의미를 내포할 수 있는 상징symbol과 달리, 알레고리는 일종의 서사적 기법으로 맥락을 통해서 의미가 더욱 분명해진다. 상징이 전달하는 의미는 딱히 범위가 정해져 있다고 말할 수 없지만, 알레고리는 대부분 추상적인 관념이나 사회, 정치, 도덕적인 의미를 전달할 때 주로 사용된다.

조지 오웰의 『동물농장*Animal Farm*』이나 윌리엄 골딩의 『파리대왕*Lord of the Flies*』은 일종의 정치와 문명에 대한 알레고리라고 해석할 수 있을 것이다.

1954년 발표된 『파리대왕』은 무인도에 불시착한 청소년들을 통해 문명과 야만의 대립을 보여 주는 소설이다. 서두에, 아이들을 태우고 가던 비행기가 무인도에 불시착하긴 하지만, 아이들은 나름대로 서로 사이좋게 지낼 것이라고 독자들은 기대한다. 소설은 점점 아이들만의 세계에도 질서와 규범, 공존과 화해를 중시하는 그룹과, 질서를 무너뜨리고 체계를 무시하며 독재와 위협을 일삼는 그룹이 생겨나는 과정을 보여 준다. 자신이 어떤 그룹에 속할 것인가를 선택하는 것은 아이들의 생존과 직결될 만큼 중요한 결정이 된다. 처음에는 단순히, 네 편 내 편 정도로 편을 가르던 아이들의 그룹은 점점 조직화되고, 정치화되어 간다. 한정된 음식과 편의 도구를 차지하기 위해 폭력이 사용되면서 아이들 사이의 관계는 마치 전쟁처럼 변해 간다.

문명세계를 상징하는 그룹을 이끌던 랠프Ralph는 조직의 질서가 뜻대로 유지되지 않자, 이렇게 자문한다.

"어른들이 하는 대로 다 했는데, 도대체 뭐가 잘못된 거지?"

"We did everything adults would do. What went wrong?"

1972년부터 1974년 사이에 연재되었던 우메즈 카즈오의 만화 『표류교실』 역시 아이들만 남겨진 세계가 어떻게 문명과 야만으로 쉽게 양분되는지를 아주 잘 보여 주고 있다. 일본 공포 만화의 고전이라는 타이틀이 있기는 하지만, 1983년 노벨상을 받았던 윌리엄 골딩의 『파리대왕』보다 훨씬 더 인상적이었던 만화였다.

51

백만 개의 눈동자가 번득이는 도시의 밤

거울mirror과 오큘러스oculus

가상현실Virtual Reality이 성큼 다가오면서 가상현실을 구현하는 기계장치도 많이 발달했다. VR기계라고 부르는 이 장치들의 성능도 놀라울 정도로 많이 향상되었다고 한다. VR장치를 만드는 회사 중에는 오큘러스Oculus라는 이름의 회사도 있었다. 2014년에 설립되었지만, 지금은 페이스북이 소유하고 있다.

오큘러스라는 이름은 생소하지만, VR회사 이름 이상의 의미와 역사가 있다. 오큘러스, 어디선가 들어 본 것 같은 이름이다. 특히 로마를 관광한 적이 있다면, 분명히 들어 보았을 것이다.

로마에 있는 판테온Pantheon의 돔 정중앙에는 커다란 구멍이 뚫려 있다. 이곳을 통해 자연의 빛이 그대로 판테온 안으로 들어온다. 직경은 무려 8.2미터나 된다. 건축학적으로도 놀랍지만, 상징적으로는 훨씬 더 심오한 의미를 갖고 있다. 구멍을 통해 지상은 상징적으로 하늘과 연결된다. 게다가 오큘러스oculus가 눈eye을 의미하고 있다는 것을 생각해 보면, 그것은 마치 지상에서 하늘을 바라보는 시선의 의미로 생각할 수도 있다.

oculus는 눈을 의미한다. 인도유럽어에서 ocu-는 눈 혹은 보는 것과 관계된 의미가 있다. 오큘러스는 눈과 빛 그리고 보는 것과 관계가 깊은 만큼 최첨단 디지털 VR기기의 이름으로 사용된 것은 정말 당연하다고 할 수 있겠다. 대부분의 가상현실은 인간의 다른 감각기관보다 시각이 지배적으로 작용하는 세계라고 할 수 있다.

눈은 외부에 드러난 뇌와 같다는 생물학계의 관점을 생각해 보면, 세계를 관장하는 두뇌에 작용하는 시각적 영향은 절대적일 것이다. 그래서 보이는 것은 막강한 힘을 갖는 것이고, 보이는 것이 갖고 있는 압도적이며overwhelming, 동시에 기만적인deceptive 영향은 플라톤시대부터 이미 인정되어 왔다.

"소중한 것은 눈에 보이지 않는다What is essential is invisible to the eyes"라는 생텍쥐페리의 조언도 귀담아들을 만하지만, 역시 보이는 것을 무시하기는 어렵다.

쌍안경binocular은 보는 것이ocular 두bi- 개 있다는 뜻이다. 보는 구멍이 하나mono밖에 없으면 monocular, 즉 단안경이 된다. ocu-라는 형태는 opt-의 형태로도 나타난다. optics라고 하면 보는 것, 빛과 관련된 학문 광학이 된다. opt- 역시 보다라는 뜻으로도 많이 활용된다. optical은 시각의, 광학의, 광학적인이라는 뜻으로 쓰이고, optician은 안경을 만드는 사람을 의미한다.

그리스 신화에 등장하는 키클롭스cyclops는 이마 정중앙에 커다란 눈이 하나밖에 없는 거인이다. 단어에 원을 의미하는 cycle과 비슷한 단어가 보인다. cycl-은 원, 둥근, 회전하다라는 뜻을 갖는다. 키클롭스는 둥근cycl 눈ops을 가지고 있다는 뜻이다.

사이클cycle이라는 말은 회전과, 원을 의미하는 말로 일상에서 흔히 사용된다. 앞서 언급했듯이 자전거는 이러한 원cycle이 둘bi- 있기 때문에 bicycle이 되었다. 당연히 외발자전거는 바퀴가 하나mono밖에 없으므로 monocycle이 된다.

근시안은 myopia라고 한다. my-는 닫는 것을 의미하는 myein이라는 단어에서 왔는데, 흔히 쓰이는 mute와 동일한 어원을 갖고 있는 말이다. myopia는 눈이 닫혀 있다라는 뜻이다. 그래서 가까운 것밖에 볼 수 없다. 흔히 근시안적이라고 하면, 큰 그림을 보지 못하는, 미래를 생각하지 못하는 짧은 견해를 말한다.

영화나 드라마에는 시놉시스synopsis가 있다. syn-은 함께together라는 뜻으로, 정말 많은 단어와 결합해서 사용된다. 종종 sym-으로도 나타난다. 함께 내는 소리는 symphony, 시간을 맞추는 것은 synchronize라고 한다. 누군가의 처지나 상황에 대한 감정pathos을 함께 느낀다면 sympathy라고 한다. 시놉시스는 전체적인 것을 한번에, 동시에syn 볼 수 있게opsis 하다라는 뜻이다. 마치 눈이 여러 개 있어서 드라마나 영화의 장면을 동시에 볼 수 있게 해 주는 요약이라고 할 수 있을 것이다.

프랑스의 포스트모더니즘 철학자 미셸 푸코의 대부분의 저작은 한국에도 널리 알려져 있다. 그의 대표작 중 하나라고 할 수 있는 『감시와 처벌』에는 판옵티콘panopticon이라는 유명한 감옥이 등장한다. 이것은 수감자를 효율적으로 감시할 수 있게 특별히 설계된 감옥이다.

판옵티콘panopticon을 처음 고안한 사람은 공리주의자로 널리 알려진 영국의 철학자이자 법학자인 제러미 벤담이었다. 벤담은 소수의 감시자가 수감자 전체를 아주 효율적으로 감시할 수 있는 형태의 감옥을 제안하면서 이런 이름을 붙였다. 벤담은 이 감옥의 구조로 인해, 감시자는 감옥에서 벌어지는 모든pan 것을 한눈에opti 파악할 수 있다고 보았다.

원기둥의 바깥쪽에서 안쪽을 바라보도록 배치된 감방과 중앙에 높게 솟아오른 감시탑으로 인해 수감자들은 항상 감시탑의 시선을 의식할 수밖에 없는 구조로 만들어졌다. 감시자가 실제로는 죄수를 보고 있지 않다 해도, 감방 속의 죄수는 감시자의 시선을 의식할 수밖에 없는 것이다. 이것은 곧 수감자 스스로가 간수의 시선을 내재화함으로써 자기 스스로 감시당하는 상태에 머물게 하는 효과를 만들어 낸다.

벤담의 아이디어는 당대에 현실화되지 못했지만, 그의 판옵티콘이라는 개념은 미셸 푸코에 의해서 다시 재조명된다. 푸코는 판옵티콘을 현대사회의 권력과 감시가 작동하는 상징적인 구조물로 파악했다. 푸코는 현대의 감시체제를 설명하면서 판옵티콘의 개념을 끌어왔는데, 사실 현대사회는 중앙의 감시망루가 없는 판옵티콘과 다름없다.

CCTV는 골목마다, 도로마다, 상점마다, 은행마다 설치되어 있고 도시에서 활동하는 사람은 언제 어디서건 이러한 카메라의 시선으로부터 자유롭지 못하다. 또한 자신이 사용하는 신용카드 및 교통카드를 통해 일거수일투족이 사실상 기록되고 있는 것과 다름없다. 현대사회는 또 다른 의미에서 아주 정교한 감시체제인 셈이다. 푸코는 이러한 판옵티콘을 통해 권력이 어떻게 작동하고 있는지를 보여 주었다. 도처에 눈이 존재한다.

판테온은 모든pan 신theon들이 모여 있는 곳이다. 반대로 판데모니움pandemonium은 악마들이 모여 있는 곳이다. 『실낙원*Paradise Lost*』을 썼던 밀턴이 만든 말이다. 여기에 모든pan 악마demon-들이라는 단어가 보인다.

pan은 모두, 전부를 의미하는 접두어로 활용된다. 앞서 말했듯이 과거 지구의 육지가 모두 연결되어 있었다는 이론은 판게아pangaea라고 한다. pan과 지구를 의미하는 gaia가 결합된 단어다. 판pan이라는 단어는 때로 사람의 이름에도 등장한다. 여성의 이름으로 파멜라Pamela가 있다. pan과 달콤하다라는 뜻의 meli-

가 결합되었다. 단어의 조합으로 살펴본다면, 달콤한 혹은 아름다운 여성이라는 의미가 될 것 같다.

Melit는 꿀honey을 의미한다. 그래서 캐러멜caramel도, 마멀레이드marmalade도 모두 달콤하다. 마멀레이드는 *melimélum*멜리멜룸이라는 단어에서 유래하는데, 이 단어는 달콤한melit 사과melon라는 의미가 있다. 옛날부터 사과는 달콤함의 대명사처럼 쓰여 온 것을 확인할 수 있다. 더 달콤한 과일들도 많은데, 왜 하필 사과였을까.

아름다운 선율도 달콤하다. 멜로디melody 역시 달콤한mel 노래ode라고 풀이할 수 있으면 정말 근사할 것 같다. 어원적으로는 확인되지 않았다.

52

게토레이는 악어의 눈물로 만들지 않는다

악어alligator와 게토레이Gatorade

스포츠 경기에서라면 빠지지 않고 등장하는 게토레이Gatorade는 아주 유명한 스포츠 음료 브랜드다. 그에 반해 게토레이라는 이름에 대해서 궁금해했던 적이 있었던 사람은 많지 않을 것이다. 한국식으로 표기하면 "게토레이"가 되기 때문에 원래 영어에 포함되어 있는 에이드ade 부분의 스펠링이 보이지 않게 된다. 그래서 게토레이 역시 흔히 마시는 다양한 ade 종류의 하나라는 것이 잘 드러나지 않는다.

접미사 ade는 원래 어떤 행위나 행동을 의미하는 데 사용되었다. 방해나 차단을 의미하는 blockade에서처럼 나타난다. 하지만 과일 맛을 내는 음료의 이름 뒤에 붙어서 종류를 표현하는 말로 더욱 많이 사용되고 있다.

레몬으로 만든 에이드는 레모네이드lemonade, 딸기가 들어가면 스트로베리에이드strawberryade, 파인애플로 만들면 파인애플에이드pineappleade가 된다. 체리에이드cherryade, 오렌지에이드orangeade, 파워에이드powerade 등 종류는 다양하다. 모두 ade가 결합된 음료의 이름이다.

따라서 에이드ade 부분을 빼면 그것이 게토레이의 핵심이 될 것이다. 그럼 게토레이는 게이토gator로 만든 에이드인 셈이다. 하지만 게이토는 과일은 아니다.

게토레이Gatorade는 악어와 관계가 있다. 이름은 어떻게 지어졌을까? Gatorade의 스펠링을 살펴보면 뒤쪽의 -ade는 여러 가지 음료 뒤에 따라오는 접미사로 생각할 수 있다. 앞쪽의 gator-는 악어를 의미하는 alligator로부터 왔다. gatorade는 쓰여 있는 대로만 본다면 악어에이드인 셈이다. 다소 엉뚱한 추측인 것처럼 보이지만 사실이다. 게토레이가 탄생한 배경이 악어 모양의 마스코트와 관계있기 때문이다.

미국의 플로리다 주립대학University of Florida에는 악어 모양의 마스코트가 있다. Albert Einstein Gator와 Alberta Gator는 플로리다대학의 공식 마스코트이다. 구글에서 쉽게 볼 수 있는 초록색의 악어 봉제옷은 플로리다주 전역에서 볼 수 있는 악어를 모티

브로 한 캐릭터라고 할 수 있다.

1965년 10월 어느 날, 플로리다대학의 한 연구소에서는 당시 플로리다대학의 운동선수들이 유독 플로리다의 더운 열기에 영향을 받고 있는 것을 알고 있었다. 그래서 기후적으로 뜨거운 온도와 싸워야 하는 운동선수들의 갈증을 빠르게 해소시킬 수 있는 음료를 개발했다고 한다.

Gatorade라는 이름은 당시 플로리다대학의 한 스포츠팀의 별명에서 유래했다고도 한다. 하지만 이름 뒤쪽에 있는 -ade가 일반적인 다른 맛의 음료에 공통적으로 결합되는 접미사임을 감안해 볼 때, 스포츠팀의 이름이 음료를 나타내는 이름으로 지어지지는 않았을 것으로 보인다. 아마도 플로리다대학을 비롯한 플로리다 전역에 유명한 Gator와 음료를 의미하는 -ade의 결합으로 보는 것이 더 타당할 것 같다.

악어를 의미하는 단어에는 엘리게이터alligator와 크로커다일crocodile이 있다. crocodile은 우리가 일반적으로 총칭하는 악어로, 바다 등지에서 서식한다고 한다. 반면 엘리게이터는 미국이나 중국 등에 서식하는데, 주로 담수를 좋아한다고 한다.

악어의 눈물crocodile tears이라는 표현은 보통 위선자를 가리키는 말로 쓰인다. 악어는 먹이를 씹어 먹으면서 눈물을 흘리는 생태적 특성에서 유래한 표현이다. 자연의 생태는 상징의 돋보기로 들여다보면 항상 인간의 특성을 성찰할 수 있는 언어로 환원된다.

악어는 오랫동안 물 밖에 나와 있을 때 눈이 말라 상하지 않도록 눈물을 흘린다고 한다. 그런데 눈물이 흐르는 것을 관장하는 신경과 턱이 움직이는 저작활동masticate을 통제하는 신경이 동일하다고 한다. 그렇기 때문에 먹이를 씹는 저작행위가 동시에 눈물샘lacrimal gland, lachrymal gland을 자극해서 눈물을 흘리게 된다는 것이다.

눈물은 영어로 tears라고 하지만, 눈물에 관한 혹은 눈물을 흘리는과 같은 형용사로 사용할때는 lachrymal이라는 형용사를 사용한다. 눈물 같은tear-like이라는 의미를 갖고 있는 라틴어 *lacrimosus*에서 파생되었기 때문이다. 스페인어로는 lagrima라그리마라고도 한다. lagrima는 유명한 기타리스트 프란시스코 타레가의 작품 제목이기도 하다.

lachrymal이라고 하면 한국어로 '최루성催淚性'을 의미한다. '최루'라는 단어는 제일 먼저 '최루탄tear gas'을 떠올리게 하고, 두 번째는 관객들의 눈물을 억지로 흐르게 하는 '최루성' 드라마를 떠올리게 한다. 어느 경우든, 눈물을 하염없이 흐르게 하는 것은 비슷하다. 최루탄은 tear gas라고 하지만, lachrymator라고도 부른다.

객관적으로 말한다면, 눈물은 단지 눈에서 분비되는 투명한 액체에 불과한, 매우 생물학적이고 건조한 단어다. 하지만 대부분 인간의 슬픔과 밀접하게 관계되어 사용되다 보니, 눈물이라는 단어는 대부분의 경우 인간의 감정과 정서가 투영되어 사용된다. 악어는 단지 생물학적인 필요에 의해 눈이라는 기관에서 액체를 분비하는 것일 뿐인데, 그것을 눈물로 인식하는 순간 인간에겐 매우 요긴한 상징이 된다. 특히 먹이를 잡아먹는 와중에 흐르는 눈물은 더없이 극적이다.

이런 특별한 악어의 모습은 옛날부터 관찰되었던 것 같다. 셰익스피어는 비극 『오셀로』에서 사랑의 위선을 표현하기 위해 악어의 눈물을 차용한다. 극 중 오셀로는 자신이 사랑했지만, 그리고 지금은 자신을 속이며 부정을 저지르고 있다고 믿는 데스데모나를 염두에 두고 이렇게 말한다.

> 지구가 여자의 눈물로 가득 찰 수 있다면,
> 여자가 눈물을 떨어뜨릴 때마다 악어가 되겠지.
> If that the earth could teem with woman's tears,
> Each drop she falls would prove a crocodile.

53

신데렐라, 불을 꺼뜨리진 말아! 네게도 꽃피는 시절이 온다

신데렐라Cinderella와 방화범incinerator

신데렐라Cinderella라는 단어는 사실 부엌데기 정도의 어원적 의미를 갖고 있다. 동서양을 막론하고 인기 있는 동화나 전설, 민담에는 비슷하고 보편적인 모티브가 있다. 나쁜 새엄마, 출생의 비밀, 헤어진 아버지와의 재회, 난관에 부딪히고, 조력자를 만나게 되는 등 세계의 동화를 살펴보면 흥미롭게도 비슷한 이야기의 구조가 공통적으로 나타난다. 그러한 모티브 중 하나라고 할 수 있는 것이 바로 재투성이 소녀, 바로 신데렐라Cinderella다.

재투성이인 이유는, 소녀가 항상 부엌의 아궁이에서 불을 지펴야 했기 때문인데, 아마도 집안에서 거의 하녀처럼 궂은일을 도맡아 해야 하는 데 대한 상징이라고 볼 수 있다.

우리가 알고 있는 신데렐라 이야기의 원형은 프랑스의 유명한 동화 작가 샤를 페로가 지은 「재투성이와 작은 유리 신발」, 그리고 독일의 그림Grimm 형제가 지은 「재투성이」라고 한다. 이 두 편 모두 한국의 「콩쥐팥쥐」와 비슷한 의붓자식 설화를 바탕으로 한다.

재투성이라는 이름은 프랑스 원전에는 cendrillon상드리용으로 등장하는데 이것은 영어에서 재ashes를 의미하는 cender와 관계가 있다. cender는 cinder-로 나타나기도 하는데, 형태가 변화하면서 불과 관련이 있는 다양한 의미를 포함하게 된다.

독일어권에서는 재투성이라는 의미가 보다 분명하게 나타난다. 독일어로 Aschenbrödel아센브뢰델이라고 하는데, asche는 영어의 "ash"를 의미하고, brodeln은 영어의 "bubble up, to brew"에 해당하는데, 아마도 재를 이용한 발효 등의 일을 맡아서 했기 때문일 것이다. 이렇게 궂은 일을 하다 보니, 항상 재투성이일 수밖에 없고, 늘 부엌에서 일하니 부엌데기가 될 수밖에 없다.

결국 신데렐라Cinderella는 불이나 재를 의미하는 cinder와 여성을 나타내는 접미사 ella가 결합되어 만들어진 단어다. 소각하다, 불로 태워 재를 만들다라는 의미의 incinerate에도 역시 cin-의 요소가 보인다. 방화범은 incinerator라고 한다.

어린이를 위한 대표적인 동화이기도 하지만, 신데렐라 이야기의 원형은 꽤나 잔인하다. 신데렐라의 의붓언니들은 구두에 발이 꼭 맞는 주인을 찾고 있는 왕자에게, 자신의 발이 구두에 꼭 맞는 것처럼 보이기 위해 뒷꿈치를 칼로 잘라 낸다. 고통을 참으면서 왕자에게 자신의 발이 구두에 꼭 맞는다고 말하지만, 넘쳐나는 피를 감추지는 못했다. 결국 구두에 발이 꼭 맞는 주인이 신데렐라임이 밝혀지고, 왕자는 신데렐라와 결혼하게 된다.

신데렐라가 의붓어머니와 의붓언니들로부터 구박을 당해 왔다는 사실을 알게 된 왕자는, 결혼식 당일 의붓언니들에게 벌을 내린다. 결혼식 행렬에서 양옆을 따라 걷게 하는데, 올 때 갈 때 비둘기들이 눈알을 파먹게 하는 벌을 내린 것이다. 언니들은 남은 인생을 장님으로 살게 된다.

아동을 위한 이야기가 따로 만들어진 것은 아주 최근의 일이라고 할 수 있다. 서양의 중세에는 아동에 대한 인식이 따로 존재하지 않았다고 한다. 그래서 중세의 서양화에 그려진 아이들은 신체만 작게 그려졌을 뿐, 어른의 모습과 크게 다르지 않다. 아동에 대한 근대적 인식이 있기 전까지 아이들은 기본적인 신체활동이 가능해질 정도만 자라면, 작은 성인과 같이 인식되었다. 지금은 12세 이하가 볼 수 있는 것, 19세 이하가 할 수 없는 것 등이 나눠져 있지만, 과거엔 그러한 구분이 전무했던 것이다.

연구에 따르면, 근대 초 이후로도 한참 동안 아이들은 7살 정도만 되어도 어른들 세계에 뒤섞였다고 한다. 19세기를 배경으로 한 영화나 소설에서도 아동들은 사회적으로 어른들과 크게 구분되지 않았다. 죄에 대한 벌을 받을 때도 어른과 큰 차별이 없었고, 공공장소에서 교수형이 집행될 때도 아이들이 그 장면을 보는 것에 큰 제한이 없는 것으로 묘사된다.

결국 아동이라는 개념은 원래 있었다기보다 사회적으로 구성되고 발명된 것이라는 인식이 생겨났다. 따라서 아이들을 위한 이야기들은 새롭게 정의된 아동의 개념에 맞게 각색되어야 할 필요가 있었을 것이다.

하다못해, 안데르센의 「인어공주」에도 살인과 폭력의 요소가 꽤나 극적으로 나타난다. 아이들을 위한다는 명목으로 원래 이야기를 각색하고 순화하는 것이 과연 바람직한 것인지는 모르겠다. 그렇게 각색하고 순화해서 아이들을 위한 이야기를 만들어도, 읽지 않고 받아들이지 않으면 아무 소용이 없다.

최근의 PC주의 열풍이 거세다. PC란 Political Correctness의 약자로, PC주의는 사회, 정치, 문화적인 편견이 담겨 있는 기록이나 서사를 보다 중립적인 것으로 바꾸자는 운동이다. 남성 중심으로 만들어진 단어 체어맨chairman을 체어퍼슨chairperson으로 바꾸거나, 여성 중심으로 만들어진 단어 스튜어디스stewardess를 성 중립적인 단어인 항공기 승무원flight attendant으로 바꾸는 것 등을 의미한다.

처음에는 몇몇 단어를 바꾸는 것 정도였는데, 최근에는 기존의 문학이나 영화에 대해서까지 PC주의의 영향이 커지고 있다. 대표적인 예로, 로알드 달의 최근 개정판에는 원작에 사용된, 아이들에게 해로울 수 있는 단어들(?)을 지극히 중립적인 단어로 순화하는 것과 관련한 해프닝도 있었다.

로알드 달의 대표작 『찰리와 초콜릿 공장』에 등장하는 팻fat이라는 단어는 enormous로 바뀌고, men은 people 등의 단어로 바뀌었다. 그의 또 다른 작품 『마틸다』에서는, 마틸다가 『정글북』의 작가인 키플링의 소설을 읽는 모습이 등장하는데, 키플링을 제인 오스틴으로 바꾸기도 했다고 한다. 이런 식이라면, 과거 50년대, 60년대, 70년대 시대적 문화적 한계로 피치 못하게 편견을 표현할 수밖에 없었던 문학과 영화들은 모두 수정되어야 하지 않을까.

그렇긴 해도 원작 「신데렐라」가 갖고 있는 엽기적인 폭력을 굳이 아이들에게 읽히게 하고 싶지는 않다. 얼마 전의 영화 〈크루엘라Cruella〉의 제목에도 여성형 접미사 -ella가 사용되었다. 잔인하다라는 뜻의 크루얼cruel 뒤에 여성형 접미사 ella가 결합된 형태이니, 이름만으로도 캐릭터가 어떤 성격을 지녔는지 짐작하게 한다. 재미있는 것은 크루엘라가 되기 전의 이름은 에스텔라Estella였다는 것이다. stella-는 별을 의미하는 여성형 이름으로 사용된다. Estella는 굳이 한국어로 옮겨 보자면, 별처럼 예쁜이 정도가 될 것 같다.

한국에서도 널리 인기가 있었던 19세기 영국 소설 『위대한 유산*Great Expectations*』에 등장하는 여자 주인공의 이름 역시 에스텔라Estella였다. 에스텔라는 남자에 대한 증오로 가득 찬 미스 하비 샴에게 입양되어, 평생 남자들에게 상처를 주기 위해 감정 없이 키워진다. 다행히 핍을 만나 사랑하게 되지만, 어릴 때부터 남자를 냉대하도록 길러진 탓에 쉽게 사랑을 허락하지 못한다. 에스텔라는 이렇게 말한다.

"난 마음이 없어."

"I have no hearts."

누군가를 사랑하는 마음은 본래 있는 것이 아니라 키워지는 것인가. 배트 미들러의 노래 〈The Rose〉에는 이런 가사가 등장한다.

It's the one who won't be taken

Who cannot seem to give

한국어로 옮기는 게 애매하긴 하지만, 결국 사랑받지 못하면 사랑할 수 없다라는 의미로 받아들이는 게 가장 무난한 것 같다. 그리고 노래는 마치 한 편의 시처럼 클라이맥스를 향해 나아간다.

이것을 잊지마. 추운 겨울,

두껍게 쌓인 차가운 눈 바닥 아래

묻혀 있는 씨앗 하나가

봄의 햇살을 받으면 장미로 피어난다는 것을.

Just remember in the winter

Far beneath the bitter snows

Lies the seed that with the sun's love

In the spring becomes the rose.

우연히 배트 미들러의 노래에까지 이르렀는데, 가사에서 공교롭게도 신데렐라의 일생이 연상된다.

54

톨게이트의 종은 누구를 위해 울리나

톨게이트tollgate와 게이트웨이gateway

톨게이트tollgate는 요금소라는 말이다. toll과 gate로 이루어진 단어다. gate는 보통, 입구나 문을 의미한다. 단순한 건축물의 공간을 구분하는 문doors과 비교해서 좀 더 크고 웅장한 느낌이 있다. 하지만 게이트는 울타리 같은 곳에 만들어 놓은 출입구를 의미하기도 한다. 네트워크 용어로 게이트웨이gateway라는 말도 사용된다. 원래 gateway는 gate가 있는 곳까지 들어가는 입구를 의미한다. 네트워크 용어로는 하나의 네트워크 간의 통신을 가능하게 하는 소프트웨어 프로그램을 지칭한다.

톨toll이라는 말에는 여러 가지 뜻이 있다. 다리나 도로를 건널 때 지불하는 요금이라는 뜻도 있고, 고통이나 사망자 수death toll를 의미하기도 한다. 어떤 금액 등의 총액을 말할 때 사용하기도 하고, 또 종을 울린다는 의미도 있다.

겉보기에는 각각 다른 의미들처럼 보이지만 사실 모두가 의미적으로 연관될 수 있다. 다리나 도로를 건널 때 지불하는 요금은 우리가 삶이라는 다리를 지날 때 내야 하는 죽음과도 비슷하다. 죽음은 삶에서 발생하는 모든 비용을 합친 값이다. 누구도 피할 수 없고, 안 낼 수 없다.

종이 울린다는 것은 죽음이나 요금 징수 같은 의미와는 동떨어진 것처럼 보이지만, 중세 전후의 서양의 장례문화를 생각해 보면 그 관계가 보인다. 과거 종은 보통 교회나 절에서 울렸다. 원래 시간을 알리기 위한 의미도 있었지만, 동시에 장례를 치르는 과정에서 울리기도 했다.

조종은 장례식에서 울리는 종을 말한다. 누군가의 장례를 치를 때, 마을의 교회 종탑에서 종이 울리는 장면을 생각해 보면 될 것이다. 종을 울리거나 혹은 그에 상응하는 예식은 지금도 공식적인 장례절차에 남아 있다. 예포를 쏘거나 하는 것은 조종을 울리는 것의 변형이라고 해도 될 것 같다.

1940년 출판된 어네스트 헤밍웨이의 소설 『누구를 위하여 종은 울리나*For Whom the bell tolls*』에서 말하는 종은 이런 조종을 의미한다. 작품을 읽어 봤다면, 누구를 위하여 울리는 종인지 금방 알 수 있을 것이다.

이 소설은 1943년 게리 쿠퍼, 잉그리드 버그만 주연의 영화로 만들어졌다. 스페인 내전Spanish War을 배경으로, 주인공 조던이 게릴라를 도와 다리를 폭파하는 임무를 수행하기까지의 드라마틱한 내용을 보여 주고 있다. 조던은 폭파전문가dynamiter로서 적진에 파견되어 게릴라들과 함께 프랑코 정권에 맞선다. 게릴라들 중에는 부모님을 잃은 것은 물론 파시스트들에게 능욕을 당했던 마리아도 있다.

조던은 마리아를 사랑하게 되고, 자신의 임무를 꼭 완수하고자 하는 의지를 보여 준다. 우여곡절 끝에 다리는 폭파되지만, 조던 자신은 적군의 공격에 다리를 쓸 수 없는 부상을 입고 만다. 자신으로 인해 동료를 위험에 빠지게 할 수 없었던 조던은 마리아와 동료들에게 작별인사를 한다. 슬퍼하는 마리아에게 조던은 이렇게 말한다.

> 나는 바로 당신이기도 해. 당신이 가면, 나도 가는 거야.
>
> 작별인사는 안 해도 돼. 우린 헤어지는 게 아니니까.
>
> I'm you, also. If you go, I go, too.
>
> There's no goodbye, Maria, because we are not apart.

동료들은 울부짖는 마리아를 말에 태우고 떠나고, 조던은 홀로 남아 루이스 경기관총을 잡는다. 화면 정중앙을 향해 발사되는 기관총 세례와 함께 묵직한 종이 울린다.

『누구를 위하여 종은 울리나』, 헤밍웨이는 이 소설의 제목을 16세기 영국의 시인 존 던John Donne의 시에서 차용했다. 헤밍웨이의 『누구를 위하여 종은 울리나』의 영감이 되었던 시의 제목은 「누구도 섬이 아니다No man is an island」였다. 섬island은 고립과 소외, 분리의 메타포로 많이 사용된다. 제목의 의미 그대로 풀이한다면, 결국 모든 사람은 연결되어 있다는 뜻이다.

시의 내용은 간단하지만 아주 분명하게 이 메시지를 전달해준다. 진흙 한 덩이가 씻겨져 나가면, 유럽 대륙은 그만큼 더 적어지는 것이다. 모든 인간은 대륙의 한 부분이다. 그래서 한 인간은 모든 인류와 관계되어 있다. 누군가의 죽음은, 모든 인간들에게서 그만큼의 존재가 사라지는 것이다. 시의 내용은 좀 더 이어진다.

…

누군가의 죽음으로 나의 일부 역시 사라진다

왜냐하면, 나는 온 인류와 연결되어 있기 때문이다

그러니까, 저 종이 누구를 위해 울리는지 굳이 알려고

하지 마라

그것은 바로 당신을 위해 울리는 종이다.

…

any man's death diminishes me,

because I am involved in mankind.

And therefore never send to know for whom

the bell tolls; it tolls for thee.

부상당한 조던을 떠나지 않으려는 마리아에게 조던이 "내가 바로 당신이고, 우리는 헤어지는 게 아니야"라고 했던 말은 결국 존 던이 「누구도 섬이 아니다」에서 했던 바로 그 의미이기도 한 것이다.

전쟁으로 인해 수없이 무고한 생명들이 죽어 가는 것은 결국 남의 문제가 아니라, 바로 당신의 문제이고, 우리의 문제라는 주제를 던진다.

55

기후위기를 클리닉에서 고칠 수 있습니까?

기후climate와 기울기clima

기후위기와 환경오염은 현재 가장 글로벌한 이슈 중 하나다. 기후를 의미하는 영어 단어는 climate이다. 매일매일의 날씨를 가리켜 weather라고 한다. 한국어의 어감으로 추측할 수 있지만, 기후와 날씨는 적용되는 영역이나 규모에서 쓰임이 다르다. 기후는 거시적이고 날씨는 미시적이라고 해야 할까.

기후는 계절의 변화를 수반한다. 그리고 계절의 변화는 지축의 기울기axial tilt, obliquity 때문에 생겨난다. 만약 지축이 기울어지지 않았다면 항상 태양 빛을 받는 면은 동일했을 것이다. 당연히 계절의 변화도 생기지 못했을 것이다. 지축이 기울어짐으로써 사계절이 생겨나고, 기후climate가 만들어진다. 계절season과 기후climate의 변화를 만들어 내는 데 핵심적인 역할을 한 기울기clima는 기후climate라는 단어의 근간이 되었다.

여전히 쉽게 이해되지 않는 평범한 사실이 있다. 공전면을 기준으로 지구가 23.5도 기울어져서 자전하기 때문에 태양열을 받는 면적이 그때그때 달라진다. 이런 결과로 지속적으로 균일하게 태양 빛을 받는 적도 근방은 늘 뜨거운 반면, 적도를 중심으로 위와 아래쪽은 항상 반대되는 계절을 향한다.

〈불편한 진실*An Inconvenient Truth*〉은 기후문제, 환경오염, 지구온난화에 대한 가장 유명한 다큐멘터리라고 할 수 있을 것이다. 미국의 대통령이 거의 될 뻔했던 엘 고어는 대선에서 패배한 후, 자신이 학생 시절부터 관심을 가졌던 환경을 주제로 새로운 이력을 쌓는다. 그가 2006년 집필에 참여하기도 했던 〈불편한 진실〉은 기후변화와 환경오염에 대한 매우 충격적인 사실을 보여준다.

〈불편한 진실〉이 공개되고 난 후로, 다큐멘터리의 제목인 "불편한 진실"은 정치시사 이슈에 있어서 매우 보편적인 레토릭이 되었다. 정치적인 이슈 어디에나 불편한 진실은 있게 마련인데, 다큐멘터리의 제목은 마치 현상으로 존재하던 것에 적절한 이름을 붙여 준 것같이 되었다. 한동안 여기저기서 불편한 진실이 마구 터져 나왔다.

지구온난화global warming로 인해 빙하가 녹고, 먹이를 찾기 어려워진 북극곰이 유빙 없는 차가운 바다를 끝도 없이 헤엄치다 물에 빠져 죽는 장면은 매우 충격적이었다. 하지만 최근까지도 북극곰이 죽는 가장 큰 이유는 익사가 아니라 인간에 의한 밀렵이었다고 한다. 환경운동이나 기후변화에 관한 메시지를 전달하기 위해 탄소배출이 많다는 비행기를 타고 전 세계를 돌아다니는 환경운동가나 혹은 매우 엄격한 환경주의자들이 아직도 세탁기와 세제를 사용한다는 것 역시 또 하나의 "불편한 진실"이라고 해야 할까.

기울어지다라는 뜻의 clima는 종종 cline의 형태로도 나타난다. 뒤로 기울어지는 의자를 recliner라고 부를 때, 그것은 말 그대로 뒤로re- 기울어지는 것cliner을 의미한다. 안쪽으로in- 기울어진다면 cline, 그것은 일종의 경향inclination을 갖게 된다.

직선으로 똑바른 것은 경직되기rigid 쉽다. 경직된 것은 기울어지지 않는다. 누군가 성격이 직선적이라면 다정하기보다 엄격한 사람일 것이다. 친절하고 다정한 성격clemency은 딱딱하지 않게 은근히 기울어지는 성격이다. 사람을 살피고 배려하는 의미는 그쪽으로 기울어진다는 의미와 느슨하게 통한다. 힘든 상황에서 누구든 다정한 사람에게 기울 수밖에 없다. 다정하고, 친절하다라는 의미를 갖고 있는 clemency라는 단어에는 역시 기울다, 기대다라는 의미를 갖고 있는 cl-이 중요한 역할을 한다. 영어 단어에 기울다, 기대다라는 뜻의 lean의 핵심 부분 역시, cl-에서 유래한다. 스펠링으로 본다면, clima와 lean은 전혀 별개인 것처럼 보이지만, 핵심적인 부분이 공유되고 있다.

클라이언트client는 보통 고객이나 의뢰인이라는 의미로 쓴다. 로마시대에 페트론patron의 보호를 받던 사람을 의미하는 것에서 유래한다. 나를 보호하고protect 지켜 주는 사람에게 의지하고 기대는lean 것은 당연하다. 클라이언트를 보호하는 사람을 페트론이라고 불렀다. 페트론은 아버지를 의미하는 pater와도 관계가 있다. 아마도 아버지는 가장 최초로 자신을 지켜 주는 사람이라고 생각한데서 유래했을 것이다.

상승과 하강, 증가와 하락을 의미하는 단어는 다양하다. decline은 하락, 감소를 의미한다. 아래로de- 기울어지는cline 의미로 거절하다decline라는 의미로도 사용된다. 드라마나 영화에서 사건이 벌어지고 갈등이 고조되면서 이야기는 가장 흥미로운 지점을 향해 나아간다. 극적 전개의 절정을 흔히 클라이맥스climax라고 한다. 이쯤 되면 왜 클라이맥스인지 추측이 어렵지 않다. 기울어짐cli-이 최고max에 이른 것이라고 볼 수 있다. 최대로 기울어지면 결국 모든 것은 추락할 수밖에 없다.

정신분석학을 임상에도 적용했던 프로이트는 환자들을 카우치나 소파와 같은 곳에 편안하게 눕게 했다. 육체적으로 최대한 편안한 자세를 취하고 긴장을 풀어야 환자의 무의식적 억압을 뚫고 감춰진 기억이 드러나기 쉽다. 정신과 클리닉에서 편안한 자세 혹은 누운 것 같은 자세는 매우 보편적인 것처럼 보인다. 이제는 드라마나 영화에서도 종종 정신상담을 받는 환자들은 소파에 편안히 누운 모습으로 묘사될 때가 많다. 클리닉clinic은 병원 혹은 치료시설, 혹은 개인치료시설 등을 의미한다.

클리닉이라는 말에도 역시 기울어져 있다는 의미가 포함되어 있다. 여기서 사람이 기울어진 모습은 침대에 누워 있는 모습이다. 그래서 클리닉이라는 말의 어원에는 침대에 누워 있는 사람이라는 의미가 있다. 프로이트의 정신분석 클리닉에서도 역시 환자는 소파에 편안히 누워서 자유연상을 해야 했을 것이다.

환경오염과 기후위기의 서사는 생각보다 훨씬 더 과거로 거슬러 올라갈 수 있다. 성경에 나오는 노아의 홍수 이야기는 기후위기에 대한 최초의 서사 아닐까? 영화 〈아일랜드〉는 환경오염의 서사가 권력에 의해서 어떻게 이용될 수 있는지를 보여 주는 영화다. 일종의 종말론적 환경주의에 대한 느슨한 비판이라고 해야 할까. 영화는 환경오염으로 인해 야외에서의 활동이 불가능해진 어느 시대를 배경으로 시작한다. 똑같은 옷을 입고, 거의 비슷한 일상을 반복하는 건강한 인간들이 거대한 청정시설에서 살아간다. 시설은 무장한 군인들이 통제한다.

그들에게 한 가지 희망이 있다면, 그것은 지구에 남은 마지막 청정지역 "아일랜드"로 가는 복권에 당첨되는 것이다. 사람들은 저마다 아일랜드를 꿈꾸며 시설 속에서의 반복되는 무의미하고 단조로운 일상을 견딘다. 하지만 지구가 오염되었다는 것은 시설에 있는 사람들이 밖으로 나가지 못하게 하는 장치였다. 사실 지구엔 아무런 문제가 없었으며, 다만 시설 속의 인간들을 마치 물건의 재고를 보관하는 것처럼 질서정연하게 유지하기 위한 조작이었던 것이다. 시설 속의 인간들은 모두 복제인간이었다. 언젠가 자신의 원본인 인간에게 건강상의 문제가 생기면 장기를 공급하기 위해 미리 만들어진 존재들인 것이다.

복제가 되면서 원본 인간의 성격도 옮겨졌는지, 한 개체가 시설 속의 질서와 정체성의 의문을 품고, 시설을 탈출하게 되면서 영화는 특유의 헐리우드 블록버스터의 진수를 보여 준다. 장기 공급을 위한 복제인간이라는 매우 민감하고 윤리적인 주제 때문에 기만적인 환경오염과 종말론적 환경주의에 대한 비판적 관점은 다소 주목받지 못했다. 영화에서 복제인간들은 아주 부지런히 나름대로의 일상을 유지한다. 그리고 그 일상의 중심에는 가

짜 일fake work이 있다. 그 일의 핵심은 그저 복제인간들이 뭔가를 하고 있다는 느낌을 주는 것이다. 실제 하고 있는 일이 뭐가 됐든 중요하지 않다. 어쩌면 대부분의 현대 인간들이 매일 하고 있는 일들과도 비슷하게 보인다.

한편 조지 칼린은 환경오염에 대한 과도한 우려를 자신의 쇼에서 냉철하게 비판한다. 지구가 그동안 겪었던 수많은 자연의 재앙들을 인간이 버리는 플라스틱 빨대, 스티로폼과 비교하며 인간은 "감히" 지구를 망칠 능력이 안 되리라고 주장한다. 얼핏 들으면 또 그럴듯하게 들린다.

어휘의
길
어원의
힘